# 子どもがスポーツをするときにこれだけは知っておきたい10の本質

スポーツジャーナリスト
永井洋一＝著

徳間書店

## はじめに

# 日本特有のスポーツ文化と子どもの自立

東京オリンピック・パラリンピックが近づくにつれ、日本中にスポーツ推進の気運が高まっています。

その気運を後押しするように、昨今の若い日本人アスリートの活躍には目覚ましいものがあります。

野球の大谷翔平選手、サッカーの久保建英選手、テニスの大坂なおみ選手、バスケットボールの八村塁選手、卓球の張本智和選手、伊藤美誠選手、バドミントンの桃田賢斗選手、奥原希望選手、柔道の阿部一二三選手、阿部詩選手、体操の白井健三選手、水泳の瀬戸大也選手、フィギュアスケートの羽生結弦選手、宇野昌磨選手、スキージャンプの高梨沙羅選手、スノーボードの平野歩夢選手、ゴルフの渋野日向子選手……。

いずれも世界最高峰の舞台で、堂々としたプレーを見せてくれています。

こうした優秀な若手アスリートに続け、とばかりに我が子を各種スポーツ教室に通わせる親（保護者）が増えています。もともと、日本ではスポーツに教育的意義を求める意識がありました。スポーツは礼儀や秩序、集団行動などを学ばせる有効な手段と考えられてきたのです。スポーツを習わせておけば、人間的な成長が期待できるうえに、あわよくば富と名声も得られる。少年期のスポーツにかけられるそんな親の期待は、かつてないほど高まっているようです。

実際、週末になると、ほとんどの小学校の校庭や体育館で野球、サッカー、ミニバスケットなどの活動が終日行われ、民間のスポーツクラブでも水泳、体操、ゴルフ、テニス、空手などのクラスが多くの少年少女を集めています。

遠征試合になると、弁当づくりを筆頭に、チームのための自家用車の提供、待機用のテント・ベンチの運搬、保冷ボックスと飲料の用意など、家族総出で一日がかりのサポートが行われています。スポーツ活動を中心に生活サイクルが回っている、と言ってもいいような家庭も少なくありません。

スポーツの効用を信じて、成長期の子どもが熱心にスポーツに親しむことは基本的にはとても良いことです。

しかし、親子揃ってスポーツにのめり込む前に、スポーツは「正」の効果だけに満ちた完全無欠のものではなく、常に「負」の部分も一体になっている「取扱注意」の活動であるということを知っておく必要があります。

この本は、そこに目を向けていただく目的で書きました。

私は、スポーツジャーナリストとして取材をするかたわら、40年以上、小学生対象のサッカーチームの指導者をしています。そのなかで日々感じることは、日本では「少年にスポーツをさせることイコール100％良いこと」と信じられているということです。

日本にはスポーツ界特有の行動や価値観、論理があって、スポーツに関わる以上、それらを遵守、踏襲していくことが当然であり、それが子どもにスポーツをさせるための重要な意義の一つと考えている人が多いようです。

たとえば、一糸乱れず、一斉に整然となされる行動、大声を張り上げて行う挨拶、グラウンドや体育館に向かっての「礼」、指導者への無条件の服従などは、種目にかかわらず、スポーツ界では「当たり前」のこととされています。

また、一年中試合に出られなくても「耐え続ける」ことが人生に役立つとする教訓や、ほかのことには目もくれず一つの競技に専念することが必要とする視点、あるいはチームの誰かが不始末をしたら全員が連帯責任を負うという規範、さらには少年期でも一つ年が上なら「先輩」として敬語を使い、従順に振る舞う風習なども、日本ではスポーツに「つきもの」と考えられています。

こうした日本のスポーツ界特有の行動や価値観、論理は、一般の社会生活に照らせば奇妙と思われる部分もありますが、ことスポーツに限っては、むしろ肯定的にとらえられています。その結果、スポーツに携わる人たちは、この独特の価値観や論理を堅固に身につけた特別な存在と認識されます。

「体育会系」という呼称は、その認識を示すものの一つでしょう。子どもにスポーツをさせている親たちにも、我が子が「体育会系」の行動をとるようになることに関しては、肯定的な見方をする方が多いと思います。

本書は、この「体育会系」という概念のなかで取り沙汰される事象に関し、どちらかといえば批判的な視点を据えています。「体育会系」的な規範に従うことが、人として成熟した思考や行動を形成することにつながるのかどうか、疑問を呈しています。

ですから、子どもにスポーツをさせて、日本独特の「体育会系」の考え方や行動をとれるようになることが好ましいと考えている人たちは、視点の変換をしていただくことになることでしょう。

# はじめに

２０１８年は、アマチュアスポーツ界の不祥事が続発した年でした。

日本大学アメリカンフットボール部の危険タックル問題を皮切りに、レスリング、体操、ボクシングなどの組織でパワーハラスメントや権力の横暴などが取り沙汰されました。

いずれも競技実績で結果を出した人、つまり「試合でたくさん勝った人とその関係者」が、競技面だけでなく組織運営や人事に関しても権力を掌握するという、スポーツ界特有の論理のなかで生じた出来事でした。長幼の序、上意下達など「体育会系」独特の倫理がそれらを助長した部分もありました。スポーツの世界で常態化していたことが、一般の社会常識では通用しない偏狭かつ独善的なものであったことが露呈したのです。

こうした不祥事の当事者たちも、また、それを許してきた組織の関係者も、皆、かつては純粋なスポーツ少年少女だったはずです。

自分の限界に向けて努力し、ルールを守り、チームメイトとの協力を惜しまず、落胆した仲間を思いやり、自分のわがままを抑制し、対戦相手をリスペクトし、親や関係者に感謝の念を抱くように育成されていたはずです。そして、誰もが長じて立派なスポーツマンに育つはずでした。

ですが、どこで道を間違えたのか、彼らはまるで時代劇の専制君主のように横暴な人間になり、スポーツに内在する「負」の面を象徴する存在になってしまいました。

スポーツは、適切に消化すれば私たちの体と心、両面の良質な血肉になり人間性を高めてくれます。しかし、消化の方法を間違えると、あのような不祥事を起こすような人間を生み出してしまう危険な因子も含んでいるのです。

だからこそ、心身が柔軟な子どもたちのスポーツ環境には、スポーツを上手に消化させるための適切な知識と視点が必要なのです。この本は、その知識を深め、視点をしっかり定めていただくために書きました。

私は、スポーツ云々を語る以前に、人間は個として自立した存在でなければならないと考えています。常に自分の目で見て、自分の頭で考えて、自分の意思で判断して行動できる力を備えておくことが必要だと考えます。

ですから、教育も躾もスポーツも、大人が子どもたちに授ける環境のすべてが、子どもの「自立」を促し、高めるための手段の一つであると考えています。

なかでもスポーツはとりわけ、子どもの自立にとても役立つ活動であると信じています。ですから、この本では繰り返し「それは自立にとって有用か？」という視座における問いを投げかけています。

## SNS全盛、AI興隆のなかで生き抜く力を育む

スマートフォン（スマホ）を代表とする端末の普及により、いまやウェブ上でのSNS（ソーシャル・ネットワーク・サービス）全盛の時代になりました。誰もがSNSを介してネット上での他者からの批判や誹謗中傷に神経質になり、同質の意見をもつ仲間と強固で排他的なグループを形成し、同調圧力の強い集団を形成する傾向が高まっています。

こうした世相のなかで、スポーツ界に足を踏み入れた子どもたちに、いわゆる「体育会的」な上意下達、絶対服従、論理的思考の排除といった日本独特の悪しき価値観が植え付けられるとしたらどうなるでしょう。

他者の動向ばかり気にかけ、自分の頭で考えず、絶対的指導者の指示を待ち、その指示を吟味することなく盲目的に遂行するという、私が重視している「自立」とはほど遠い人間が多数、生み出されていくことが容易に予想されます。それはとても恐ろしいことです。

少し大げさな懸念かもしれませんが、私は、日々の指導で子どもたちのなかにそう

した恐ろしい兆候が見え隠れしていると感じています。同時に、その恐ろしい兆候に歯止めをかけることも、スポーツの役割の一つであるという思いを日々、強く抱くようになりました。

ただし、前述したように、スポーツは清濁の両面をもつ「取扱注意」の存在です。それをどのように取り扱えば正しく効果を得られるかに関して、この本を通じて考えていただきたいと思っています。

さて、近年の情報技術の発展は目覚ましく、音声識別、画像処理、情報検索、文字認識などのレベルが急速に高まっています。膨大なビッグデータに裏付けされた情報がさまざまな分野で活用されていて、囲碁やチェスの世界では、駒の動き方を統計処理した人工知能が、トップ競技者を破る段階に達しました。

こうした技術革新の結果、近い将来、さまざまな仕事がＡＩに取って代わられると言われています。

ＡＩとは Artificial Intelligence の略で、人工知能と訳されます。ＡＩ研究者の新井紀子・国立情報学研究所教授によれば、厳密に言えば人間と同じレベルの知的活動ができるＡＩをつくりだすことは困難で、現在、一般に言われているＡＩとは人工知能をつくりだすために駆使されている技術、すなわち「ＡＩ技術」と呼ぶべきものとのことです。

最近では、「10年後にＡＩ技術に置き換えられる職業」などが取り沙汰されています。実際、すでに飲食店の座席案内などに人型の情報処理ロボット「ペッパー」が活用されている例などもあり、この先、さまざまな分野の業務や作業にＡＩ技術が活用されていくことでしょう。

こうした現象を受けて、いずれ進化したＡＩ技術が人間を凌駕する段階「シンギュラリティ」がやってくるのではないか、とする説があります。ですが、新井教授は、「それは絶対にありえない」と断言します。

ＡＩ技術に活用されているコンピュータは、所詮、計算機であり、たとえ天文学的なデータを驚異的な速度で処理できるとしても、計算処理としての領域を超えることはできないからだそうです。

つまり、データ処理に関しては人間がはるかに及ばない能力を発揮するものの、それはあくまで統計処理の作業であり、「なぜそうなるのか」の意味を機械は理解することができないとのことです。

人間には物事の関係性や、事象の意味を理解する力があります。「意味を理解する」

とは、絶対的に人間独自の能力なのです。これこそシンギュラリティが起こらない明確な理由だと新井教授は言います。

ところで、「意味を理解する」には、論理的な思考力と読解力が必要です。第5章でもふれますが、現代の日本の青少年の論理的読解力は年々、低下していることがさまざまな調査で明らかになっています。

私は、この論理的読解力を譲成するためにも、スポーツが大きな役割を果たすと思っています。論理的読解力は知的活動であり、スポーツとは対極にあるもの、という感覚をもつ人も多いかもしれませんが、そうではありません。

スポーツは本来、そうした力を存分に発揮してこそ楽しめるものであり、そうした力を発揮した先に本当の意味でスポーツを堪能した充実感が味わえるものだということが、本書を読めばおわかりいただけるはずです。

ＡＩ技術では代替できない、人間ならではの力を伸ばすために、スポーツはとても有効です。ただし、そのためにはスポーツに対する間違った認識を改め、スポーツ本来の姿を正しくとらえ、論理的、科学的に正しい方法でスポーツに親しんでいく必要があります。

私たちはスポーツを通じて、論理的読解力を低下させるような、従属的かつ集団志向的な人間を生み出す作業に荷担してはいけないのです。

どんどんAI化が進むグローバルな現代社会だからこそ、私たちは、スポーツを通じて自らの頭で考え、判断し、論理的に考えて行動できる、自立した個の強さをもつ人間を育てなければならないのです。

いま、なぜ子どもがスポーツに取り組むのか。スポーツとどのように向き合えば子どもはたくましく自立した人間に育っていくのか、ぜひ本書を読みながら考えてみてください。

目次


## はじめに
日本特有のスポーツ文化と子どもの自立 1
SNS全盛、AI興隆のなかで生き抜く力を育む 7

## 第1章 スポーツの成り立ち――17
土台は強い自制心 18
集団の「和」か、それとも「個」の自立か 24
爽快感を得るも、ボロボロになることもある 31

## 第2章 スポーツをする意味と注意点――37
成功したアスリートの真似をしてもムダ 38
「一つのことをやり抜く」ことが本当に美徳なのか 42
スイッチが入るまでは「楽しさ」最優先 47
「運動」なのか「競技」なのか 51
本当に心の成長につながるのか 55

第3章
子どもとスポーツの意外な事実――61
子どもの筋力が伸びていない原因 62
無理しない、自分なりにの落とし穴 66
スポーツ教室に参加していないほうが体力がある? 71

第4章
武士道とスポーツの関係――77
実はサムライはフェアではなかった 78
「武士道精神」の創作とスポーツへの影響 82
特定の場面での「礼」で真の礼節が育つのか 88
師弟関係の非合理なコーチング 92
「試合運び」が稚拙な日本のアスリート 97

第5章
社会の期待とスポーツ――103
主体性とともに学ぶということ 104
企業が望む人材とスポーツ 109
入試問題への適応とスポーツ 114
傾聴力は考えて発言できる環境があってこそ 119

第6章
遊び、勉強、スポーツの役割――125
コミュニケーション、課題解決 126
「遊び」の意義を見誤ってはいけない 131
「楽しい」の本当の意味 136

第7章
いじめとスポーツの本質――141
いじめの根本原因とスポーツの本質 142
勝利至上主義だから悪質な下方比較に走る 147
不全感と他者コントロール 152

第8章
SNSの影響力とスポーツ――159
「新村社会」の監視とスポーツ 160
「いいね」を求める心理とスポーツ 166
SNS世代の話し合い下手とスポーツ 170
スマホ世代のコミュニケーション能力 174

## 第9章

## 青少年のスポーツ意識 ―― 181


絶対的な「自分」が希薄な青少年とスポーツ 182
「充実している」と言い切れないのはなぜか 187
勝利至上主義だから結果を見越して消極的に？ 192


## 第10章

## 大人たちの問題と子どものスポーツ ―― 201


スポーツをする子どもは親の従属物ではない 202
スポーツでは避けたい「いい子症候群」 206
やればやるほど効果が大きいわけではない 211
大人が勝利という麻薬に冒されてはいけない 216

第1章

# スポーツの成り立ち

# 土台は強い自制心

そもそも、親たちはなぜ自分の子どもにスポーツをさせるのでしょう。

ベネッセ教育総合研究所が、3歳から18歳の子どもをもつ母親1万6170人を対象に「子どものスポーツ・芸術・学習活動」に関して実施した「第3回学校外教育活動に関する調査2017」というものがあります。

それによると、子どもの運動・スポーツに関してどのようなことに期待するかという問いに対して、「とても期待する」と答えた項目のトップ5のなかで1位は、「じょうぶで健康な身体になる」(63・4%)で、3位が「自分の目標に向かって努力をする」(54・3%)といった心身の鍛練に対する期待が多く示されました。

同時に、「人に対する礼儀やマナーを覚える」(55・0%)が2位となり、4位には「仲間と協力する姿勢を身につける」(52・0%)など、人間関係の学習に関する事項に期待する親も多いことがわかります。

スポーツをすることで、身体を鍛え、克己心を育み、礼節を身につけ、協調性を高めてほしい、と望まれているわけです。

第1章

# スポーツの成り立ち

ですが、スポーツには本当にその期待に応えられる力があるのでしょうか？　その答えを探すために、まずはスポーツがどのような経緯で、現在の私たちが楽しんでいるような形に整えられたのかを見てみましょう。そこを振り返ることで、子どもたちにスポーツをさせる意味が見えてくるかもしれません。

アメリカで出土した紀元前7000年ごろの遺物のなかに、動物の骨を加工し、凹状のものに凸状のものを差し入れる形状になっているものがあります。それは、当時の生活に直結する実用的な器具とは考えにくく、輪投げやけん玉のように、凹に凸が入るか否かを競い合った遊具ではないかと推測されています。

紀元前4000〜紀元前3000年前後のメソポタミア文明の遺跡からは、祈誓奉納用の石灰岩の板に、3組のレスリングをしているような人たちの絵が描かれています。また、紀元前2000〜紀元前1700年前後のエジプト中王国時代の有力者の墓の壁面には、多くのレスリングをする人たちの絵とともに、ボール遊びをする女性の姿が描かれています。

このように投げる、蹴る、走る、跳ぶ、組み合う、打ち合うなどの身体動作を競い合う「スポーツ的な行為」は、古代から世界各地で色々な形で楽しまれていました。

現在のサッカーに似た、ボールを蹴ったり投げたりして「ゴール」に入れることを競う形式の競技は、イギリスではフットボール、イタリアではカルチョと呼ばれ、それぞれ違った形、違ったルールで人々の間に広がっていました。このように地域ごとに勝手気ままに進化、普及した「スポーツ的な行為」を、いま私たちが知っているような形に整えたのは19世紀のイギリス人です。

産業革命で飛躍的な発展をしたイギリスは世界各地に植民地をつくり、当時の世界の最先進国でした。その発展を支えるために産業、貿易、海運、植民地運営など各分野で活躍するエリート養成が必要になり、それを担う名門私立校のパブリックスクールが発展しました。パブリックスクールでは、実務的な教養のみならず、決断力、実行力、忍耐力、自己犠牲の精神、自制心など、人格面の陶冶が重視され、それを譲成するのにふさわしいものがスポーツであると考えられるようになります。

ただし、そのころのスポーツは、先進国のイギリス国内でさえ地域ごとにルールや形式がまちまちだったので、パブリックスクール同士で対抗戦を行おうとすると、ルールを巡ってトラブルが生じてばかりでした。

そこで、競技ごとに統一されたルールをつくり、統括団体（協会）を設立して、その組織の下で大会を運営しようという動きが生まれます。この「統一ルールの制定」

「統括組織の成立」「その統括組織による統一ルールでの大会運営」という3要素が整ったものが、いま、私たちが親しんでいる「近代スポーツ」です。

近代スポーツが整備される過程では、野蛮、危険、非合理という前近代的な要素をできるだけ取りのぞき、科学的、合理的な視点を盛り込もうという意識が高まりました。というのも、それまでのイギリスでは、フットボールのみならず、スポーツ的な行為の多くに野蛮で血なまぐさい事象がつきものでした。フットボールでは相手の足を蹴ることが公然と許されていて、怪我人が出ることなど当たり前、死者が出ることすらあったといいます。また、動物同士を戦わせてどちらが勝つかを賭ける催しなども盛んに行われていました。

世界の一流国に躍り出たイギリスで、いつまでもそのような暴力的かつ野蛮な前近代的行為に興奮するのはいかがなものか、と考えられるようになります。

これからは、より科学的、論理的、合理的な思考、行為を重視していくことが、文明化が進んだ国の証明になる、という声が高まったのです。

その結果、スポーツにおいても不必要に身体的危険をもたらす野蛮で暴力的なプレーや、そうしたプレーを誘発する恐れがある行為を排除しようという動きが加速します。フェアでスピーディーに展開する試合のほうが、プレーしていても観戦していても、より楽しいという価値観が育っていきます。

近代スポーツを整備する中心になったのは、〝ジェントルマン〟と呼ばれる人たちでした。彼らの多くはパブリックスクールの関係者あるいは卒業生で、土地管理や政治を牛耳る支配階層でした。支配階層としての彼らの地位を安定させるために必要だった条件の一つが、被支配階層の庶民から尊敬の念を抱かれるような立ち居振る舞いをすることでした。決断力、実行力、忍耐力、自己犠牲の精神、自制心の強さなどを示す行動が求められたのです。

スポーツはそれらを譲成するのに、もっとも適したものと考えられ、ジェントルマンたちによって積極的に推進されました。

イギリス生まれの近代スポーツの多くはルールがとても簡単です。その代表格であるサッカーのルールはたった17条しかなく、その数はアメリカ生まれの野球ルールの10分の1以下です。なぜルールが少ないかというと、「すべてはジェントルマンとしての常識と理性に基づいて判断すればよい」という精神が根底にあるからです。

ゴルフのスコアは自分でつける方式です。18ホールで約70打がパー（プラス・マイナスがゼロ）です。そのなかの1打、2打を自分でごまかして記録することもできるかもしれませんが、ジェントルマンにはそんな卑怯なことは絶対にしない自制心がある、ということが大前提としてあり、自己採点方式が現在まで採用され続けています。

このように、イギリス生まれとされる近代スポーツは、ルール遵守に関して厳しく自己管理できることが前提となっています。「いちいち細かい決まり事を規定しなくても、常識と理性のある大人なら自ら善し悪しが判断できるはず」というわけです。スポーツを行うジェントルマンは、他者から指図を受けなくても、あるいは第三者に不正を監視されていなくても、常に正々堂々と振る舞う自制心を持ち合わせているという信念があったのです。

視点を変えれば、人の顔色を伺って善し悪しを判断したり、誰かに叱られるからという理由で決まりを守ったり、皆がやっているからという状況に流されて安易に同調したりすることは、近代スポーツの精神に反する行為となってしまうわけです。

このように、近代スポーツは、危険で野蛮なことを排し、科学的、合理的な論理を重視すると同時に、汚いことやずるいことを自分の意志で強く自制する、という概念とともに成立しました。

そして、それを普及させたジェントルマンたちは、激しく勝負を競うなかでも強い自制心を保つことができるという自負をもち、その精神を堅持しながらスポーツを行うことが完成された立派な人間を育て、世界をリードする国を支える人材育成につながる、と考えていたのです。

## 集団の「和」か、それとも「個」の自立か

近代スポーツ成立の経緯を振り返ると、その理念のなかには、現代の親たちが我が子にスポーツを通じて身につけてほしいと期待する要素が数多く含まれていることがわかります。

しかし、だからといって「我が子にスポーツをさせて良かった」と安心するのは、まだ早いかもしれません。なぜなら、その近代スポーツの精神が、日本のスポーツ界で本当の意味で正しく咀嚼、消化され、青少年の指導育成に適切に活用されているのかどうか、疑わしいところがあるからです。

その私の懸念をわかりやすく代弁してくれているエピソードを紹介しましょう。

かつてJリーグの名古屋グランパスで監督として指揮を執り、そののち、イングラ

ンドの強豪アーセナルFCの指揮官として、チームにいくつものビッグタイトルをもたらした名監督、アーセン・ヴェンゲルさんは、日本の選手について次のように語っています。

「面白い話があるんだ。もし日本で監督が選手に全速力でレンガの壁に向かって走れと言ったら、選手達は何の疑問も抱かずに走り出す。そして壁にぶつかって頭が割れ、地面に倒れ込む刹那に監督の方を見て、完全に裏切られたという顔をする。日本人の選手は監督を信頼するから、監督が自分達を傷つけるような真似をするというのが信じられない」（『理想のために戦うイングランド、現実のために戦うイタリア、そしてイタリア人と共に戦う日本人』ジャンルカ・ヴィアリ、ガブリエル・マルコッティ著、田邊雅之監修、学研教育出版）

比喩ではあるものの、日本人選手の気質の本質をよく示しています。ヴェンゲルさんは、日本人選手の監督に対する絶対的な忠誠心を紹介しつつ、その盲目的な従順さがスポーツを極めていくうえでは的外れなものであることを示唆しています。

日本では、スポーツの世界に馴染むこととはすなわち、自己を極力抑制し、指導者の指示には無条件で素直に従い、集団への同調を最優先させること、と考えられることが多いようです。スポーツをするからには、自分という「個」を際立たせることは、もっとも避けなければならないことである、と思われているように感じます。

とくに日本の少年スポーツでは、監督・コーチの権力が絶対で、その指示にいかに忠実に従うかが重視される傾向が強くあります。

そうした風土のなかでは、指導者の指示には忠実に従うものの、自分の頭で考えて判断することが苦手な選手が育ちます。

日本人選手の「自分の頭で考え、判断する力」の弱さは、国内で競い合っているときには、みんなが同じ弱点を抱えているので目立ちません。一方で、外国人選手相手の国際試合になると際立ってきます。

たとえば、サッカー日本代表にもそうした傾向がありました。2014年のFIFAワールドカップブラジル大会の日本代表は、1分け2敗の成績で終わりました。

1試合目のコートジボワール戦では、本田圭佑選手のゴールでリードしたにもかかわらず、同点ゴールを決められると混乱し、あっという間に逆転ゴールを許してしまいました。2試合目のギリシャ戦では、前半30分過ぎに相手選手が退場になり、試合の大半を11人対10人で戦えるアドバンテージを得ておきながら、まんまと相手の術中にはまり0対0の引き分けに終わりました。3試合目のコロンビア戦では、相手が主力選手を8人も外してきたのに、4点を奪われました。

2018年のFIFAワールドカップロシア大会のグループリーグ第3戦でも、そのような傾向が見られました。

その試合では、すでにグループリーグ敗退が決まっているポーランドにリードを許す展開になりました。攻めて逆転勝ちすれば自力で決勝トーナメント進出を決められるのですが、反撃にあって追加点を奪われるリスクもあります。このとき、他会場の結果によっては、得失点の関係で、日本はポーランドに負けても決勝トーナメントに進出する可能性がありました。そこで日本は、他会場の結果に運命を委ねて、あえてリスクを冒して攻撃することをせずに、敗退を甘受する道を選びました。

そして、続く決勝トーナメント1回戦のベルギー戦でも、一時2点をリードする展開になりながら、一瞬の隙をつかれた反撃を受けて、結局2対3で逆転負けを喫しました。日本代表選手個々の技術レベルも体力もさほど強豪に見劣りせず、事実、ピッチ上の大半の選手はヨーロッパのクラブでプレーする実績を携えていました。

それなのになぜ、あのように「ふがいない」試合内容になってしまったのでしょうか。いろいろある原因のなかでも、「試合運びのつたなさ」がもっとも深刻な要素だと言われました。試合展開や状況に応じた臨機応変なプレーをする能力が低いということです。これは、日本の選手が「真面目に指導者の言うとおりにプレーする」という育成環境で育つからではないかと言われています。ヴェンゲルさんの言う「レンガに突進する」選手が育っているのです。

サッカーのみならず、指示されていないこと、想定していないことに対する応用力を十分に養うという視点は、日本の少年スポーツのなかではあまり重視されていません。自己主張せず集団の協調を優先し、「個」の判断を抑制することが最優先されるからです。こうした日本のスポーツ界独特の価値観のなかでは、個々が常に的確な判断を下し、強い決断力とともに実行する力を養うという近代スポーツの成果を得ることはできないのです。

まず、この点を十分に理解しなければ、子どもにスポーツをさせていく意味をはき違えることになります。

そもそもスポーツのプレーは、種目、レベルにかかわらず、常に一瞬一瞬の自己判断と決断の連続で成り立っています。

たとえばサッカーの場合、自分に向かって飛んでくるボールを止めてパスしても、ドリブルしても、止めずに一回で蹴り返しても、わざと触らずに通過させてもいい

（「スルー」というプレー）わけです。

ボールの弾み具合によって、足で扱っても、腿で扱っても、胸で扱っても、ヘディングしてもいい。それらのすべては、自分の体勢、味方や相手との距離などに応じて判断され、選択されます。

プレイヤーは一つひとつのプレーに対して、常に「いま、最適なことは何か」を判断し、無数の選択肢から一つのプレーを選び出し、それを実行していかなければなりません。試合中のあらゆる場面で常に判断、決断、実行を繰り返していくわけです。また、プレーのすべてが思いどおりにうまくいくわけではありませんから、失敗のあとには同じ轍を踏まないような修正が必要になります。このように判断、決断、実行、修正という行為を、自分の意思で繰り返しつつ勝利を目指すのがスポーツです。

近代スポーツ創生の精神を受け継ぐという哲学的な意味だけではなく、現実のプレーのレベルアップに関しても、スポーツでは各自が自分の頭で考え、判断、決断、実行し、必要に応じて修正していく力が求められるのです。これらのことが他者の指示や強制を受けなければできないようであれば、それはもう本来の意味での「スポーツ」になっていない、と言えるかもしれません。

勘違いしていただきたくないのですが、私は監督・コーチの指示などどうでもよく、すべて唯我独尊で動けと言っているのではありません。指導者の指示を素直に聞く姿勢はもちろん必要です。

重要なことは、その指示をきちんと咀嚼、理解し、疑問や反論があればそれを示して再確認し、納得のうえで自分なりのプレーとして表現していくことです。指導者の指示をしっかりと受け止めながら、それをプレーとして表現する瞬間の主体は、あくまで選手自身になるのです。その主体性が強く確かなほど、場面に応じた応用力が豊かになり、日本選手が「つたない」と言われる「試合運び」は、より成熟したものになっていくはずです。

たとえ少年期であっても、スポーツで大切なことは「いかに自分で考えて動けるか」ということなのです。自分で考え、決断して動ける力、自立できる力をもてるようにならねば、プレーの一つひとつを自己決断していく醍醐味は味わえないでしょうし、それが味わえなければスポーツをする意味がないと言ってもいいでしょう。

その力を伸ばすためには、子ども自身が多くの試行錯誤を経験できる環境づくりが大切です。有無を言わさず、機械的な反復動作を繰り返すことで短期促成的に勝利をもぎ取っていくような環境では、子どもが自ら考え、判断する力は譲成しようがありません。

そのような環境では、それこそ指示されれば疑問も抱かずにレンガの壁に激突するような人間しか育たないのです。

## 爽快感を得るも、ボロボロになることもある

スポーツほど「健康」というイメージと直結するものはないでしょう。実際、数々の研究や調査で、運動が体のさまざまな機能を改善し、精神面でもプラスの効果が期待できることが報告されています。体を動かすことが、私たちの心身にプラスの効果をもたらすことは間違いありません。

しかし、注意が必要です。いま、ここで私があえて「運動」という表現を使ったのには意味があります。私たちは普段、運動という言葉とスポーツという言葉を何となく同じ意味のように使っていますが、心身に健康効果をもたらす「運動」と「スポーツ」には、似て非なる部分があります。

両者とも、非日常的な動作をするということでは一緒なのですが、同じ動作でも「スポーツ」という分類がなされると、そこには「競技性」が加わってきます。すな

わち、他者と競い合って勝ち負けを決着する、という要素が加わるわけです。

ジョギングならマイペースを守り、爽快感が実感できる程度の走り方で十分です。しかし、同じ距離を「競技」として走ることになると、少しでもタイムと順位を上げるために、体力と精神力の限界まで追い込まねばなりません。そうなると、走ることが「爽快」というわけにはいかなくなるでしょう。むしろそれは「苦しみ」に近くなるかもしれません。

ジョギングは体脂肪を減らしたり、血圧を下げたり、血糖値を下げたり、代謝を上げたりと、身体のさまざまな機能を良い方向に改善していくことが期待できます。

しかし、競技として走ることになると、常に身体機能の限界近い部分で競い合うことで、筋肉や腱は痛み、骨や関節が傷つきます。サッカーやラグビー、バスケットボールのようなコンタクトスポーツでは、人同士のぶつかり合いによる打撲、骨折、筋肉や腱の断裂などが避けられません。

独立行政法人日本スポーツ振興センター学校安全部の平成23年度統計によると、中学、高校の運動部に参加している生徒では、男子で年間10万人あたり9452件の外傷発生件数が報告されています。10人部員がいれば、おおよそ1件は怪我があるということです。

しかし、これは正式に報告された事例ですから、軽い打撲、ねんざ、裂傷程度の申告のないものを含めれば、かなりの数の何らかの怪我が発生していると想像できます。一度「競技」という分野に足を踏み入れると、そこには他者に一歩でも先んじるための過酷な世界が待ち受けていて、それを勝ち抜くために、それこそ心身両面ともに徹底的に「痛めつけられる」ことを覚悟しなければなりません。

競技スポーツをするということは、むしろ身体を不健康な状況に追い込むことでもあるのです。

ともすると世界一を争うようなアスリートたちは、超人的な筋力、心肺持久力、敏捷性などを持ち合わせています。私たち凡人など足下にも及ばないほどに強い体をもつのですから、人一倍、健康なのではないかと想像します。

しかし、実際にはそうでもないのです。

オリンピック選手村の診療所での受診記録を見ると、風邪や内臓系の不調などの発生率が、同年代の一般人に比べてかなり高いことが示されています。

また、強化合宿中のラグビー選手の免疫力が低下し、普段は潜伏しているだけの悪性ウイルスが活性化していることが示された研究結果もあります。常に体力の限界まで追い込んで鍛えているということは、毎日、体が悲鳴を上げて壊れてしまう直前まで達しているということであり、それは決して健康的な状態ではないのです。

ところで、以前は高齢者の間でゲートボールが盛んでした。しかし、現在、ゲートボールは下火になり、それに変わってグラウンド・ゴルフを楽しむ高齢者が増えています。この潮流の変化の原因の一つが、「チームと勝敗」という部分にあると言われています。

ゲートボールはチーム戦ですので、一人ひとりのプレーの善し悪しがチームの勝敗に影響します。当初は健康のためと、勝ち負けを超えた部分で楽しんでいた高齢者たちも、上達とともにいつしか勝敗にこだわりをもつようになり、チームメイトの失敗を責めたり、下手な人を非難したりするようになってきたといいます。

その結果、チーム内で対立や諍いが起きるようになり、人間関係が悪くなってゲートボールそのものへの熱も冷めていったのだといいます。グラウンド・ゴルフは個人戦ですので、出来不出来を人のせいにすることはありません。こちらのほうが気楽でいい、ということだそうです。

このゲートボールの盛衰を巡る経緯は、競技性という要素が入ることの、もう一つの問題点を示しています。競い合い、勝敗を決することに執着するということは、体を傷つけるだけでなく、心理的、社会的なトラブルにも対面する可能性が発生してくるということです。

子どものスポーツは心身の健康を育むための「運動」であるというのが、建前です。しかし、子どものスポーツは健康体操やヨガのような競い合いのない形式のものは少なく、サッカー、野球、バスケットボール、バレーボールなど、多くは競技スポーツの形態で行われています。

競技の形式をとって勝ち負けを競い合うことになれば、当然、勝利を目指してもっとも合理的な行動がとられることになります。

それは、試合に勝てるメンバーのみが選出されることであり、ポジションの変更やプレーの制限など、納得ができないことでも勝利のために受け入れることであり、怪我の危険も覚悟するということです。

スポーツをすることは、すべてが心身にとって好ましいことばかりではなく、競技化が進むとともに、一般的な意味で言う心身の健康が損なわれていく危険性が高まるということもご理解いただきたいと思います。

第2章

# スポーツをする意味と注意点

## 成功したアスリートの真似をしてもムダ

オリンピックのメダリストなどトップアスリートのなかには、幼少期から徹底して一つの種目の訓練をして成功している人がいます。

卓球の福原愛さんや伊藤美誠選手が2歳くらいから泣きながら母親に鍛えられたことは、誰もが知っています。レスリングの吉田沙保里さんも、野球のイチローさんも、小学生時代から父親に徹底した訓練を課されていました。

また、サッカーのカズこと三浦知良選手は、高校中退で単身ブラジルに渡り、名門プロチームとの契約を勝ち取りました。こうした成功例を見ると、トップアスリートになるには、幼少期から徹底して専門性を鍛え上げることが必要なのではないかと考えてしまいます。

しかし、よく考えてください。こうした方法が名選手を育てるためのもっとも良い育成手段であるなら、同じ方法で次々に優秀な選手が生み出されてくるはずです。毎年、何千、何万という選手が育てられているなか、先例と同じ方法を踏襲して同じレベルにまで到達したケースがどれだけあるでしょうか。

むしろ、同じ方法を真似してはみたものの、結局、さしたる成果を得られなかったというケースのほうが圧倒的に多いはずです。

たとえば、カズ選手の成功以来、同じ夢を追って数百人もの日本人がブラジルに渡りました。この原稿を書いている時点でカズ選手はすでに53歳、Jリーグ最年長選手として人気を維持しています。彼が15歳でブラジルに渡ったときから37年たちますが、同じ道を歩んで凱旋帰国した選手はただの一人もいません。

私には、自分の育成経験や各種競技のトップアスリートの取材経験から、世界レベルで戦える資質をもって生まれた逸材は、誰がどのような方法で育てたとしても最終的にトップレベルに達するもの、という持論があります。

育成の方法がまったく無関係とは思いませんが、そもそもトップアスリートの資質そのものが超人的であり、そうした資質をもつ人はどのようなルートをたどったとしても、多かれ少なかれ、いずれ世界レベルで競う場に到達する運命にあるということです。そう観念させられるほど、世界の舞台で活躍するアスリートたちの資質は超人的です。

成功したアスリートが通った学校の監督やクラブの指導者が「○○選手を育てた」などと報道されることを、私はいかがなものかと思って見聞きしています。超人的な資質がありながら、その人に巡り合わねば凡人で終わっていたということは、ほぼありえないと思うからです。天分のある選手はどこに置かれても、誰に指導されても、最終的にはトップクラスに上がってくると思うのです。

言い換えると、優れた指導方法、育成環境が用意されたとしても、資質に恵まれた選手と出会わねばトップアスリートは輩出できないのです。それは同時に、人並み外れた天分がない子どもに、いくらトップアスリート育成の環境と同じものを用意しても、ほとんど効果はないということでもあります。

超一流は、育てるものではなく育つもの、というのが、長年スポーツ界を見てきた私の結論です。ですから一般のスポーツ指導者は、「自分の指導で一流選手を生み出す」などという幻想から早く卒業しなければなりません。

凡人をトップアスリートに変えるノウハウなど、絶対にありません。同様に、凡人の親は、我が子が育て方一つで一流アスリートになるかもしれないなどという幻想を捨てなければなりません。「トンビが鷹を生む」ことは遺伝子科学上、ありえません。

冷徹なことを言うようですが、トップアスリートたちが位置するところは、それほど極めて特殊な別世界です。県で優勝しようが、全国大会に出場しようが、99％以上の確率で、私たちの周囲の子どもはその別世界の域に到達できません。

そうした現実を踏まえて、明日の我が子のスポーツ環境を考えるなら、競技者として成功することなど、いくら念じてみてもほぼ無駄なことだと冷静に認識すべきでしょう。

99%の子どもは最終的にはアスリートとしては一流になれず、いずれ普通の大人になるのです。であるならば、幼いころから技術の巧拙を細かく取り沙汰して勝ち負けに拘泥し、ギスギスした気持ちでスポーツに参加するよりも、健やかにバランス良く身体を発達させ、不必要な怪我をせず、自分の特徴を生かしてプレーを楽しめるような環境を整えることが重要であることがおわかりになるはずです。

競技として勝敗にこだわる指導のなかでは、遅い、小さい、下手だ、気持ちが弱い、ということで冷たい扱いを受け、意欲が萎えてスポーツから離れていく子どもたちが数多くいます。

また、たとえ資質に恵まれていても、過酷な訓練と指導者の厳しい罵声、心身両面で消耗するスケジュールにバーンアウトしてしまう子どもたちがいます。

いずれも少年スポーツを「育成」というステージから逸脱させ、「競技化」に傾倒しすぎていることの悲劇です。自分の指導がトップアスリートを育てるかもしれないという、指導者の幻想が生み出す悲劇です。

子どもたちは中学、高校、大学でもスポーツを続け、社会人になっても生涯スポーツに取り組むかもしれません。自分に子どもができたときには、ボランティアとして指導を請け負うかもしれません、そして、自分の好きなスポーツのサポーターとして、普及や発展の下支えをする立場にもなるはずです。

そのように、一生スポーツを友とする生活をするために、子ども時代のスポーツ環境は大事な役割をもっているのです。指導者や親のエゴで、かえってスポーツ嫌いをつくるようなことは絶対にしてはいけません。

## 「一つのことをやり抜く」ことが本当に美徳なのか

日本では、何か一つのことを選択したら脇目も振らずに精進し尽くすことが美徳、という考え方があるように感じます。

それはとくにスポーツの世界で強調されるようで、「やるのなら徹底してやる」ということを我が子に強要する親も少なくありません。野球やサッカーを習っている子どもが少しやる気をなくしただけで、「やめるのか続けるのか、はっきりしなさい」

と決断を迫る親がいます。「中途半端はだめ。やるならやる、やめるならやめる」と。「スポーツは中途半端な参加ではいけない。一心不乱にやり続けねばならない」という理念が、日本には広く行き渡っています。

しかし、一つのことを徹底してやり抜くという考え方は、少年期のスポーツに限っていえば間違っています。

少年期の成長発達のためには、色々な種目を広く楽しんだほうが好ましいのです。それはのちほど、あらためてふれますが、身体的に偏った発達をしないため、特定の部位にスポーツ障害を発生させないため、という理由が第一です。それに加えてもう一つ、大切な理由があります。

それは、成長のあと、競技者として本格的にスポーツに取り組むことになったときに、少年時代に多様な体の動かし方を経験していた選手のほうが、優れた能力を引き出されやすいということです。

競技レベルが上がれば上がるほど、鍛えるべき体の箇所は広範囲かつ細部にわたります。簡単な例でいえば、陸上100メートルのスプリンターでもっとも大切な部位が足腰の筋力ということは誰でも理解できますが、世界陸上で活躍するような一流選手の体つきを見たときに、重量挙げの選手もかくやと思わされるほど腕、肩、胸の筋肉が発達していることがわかります。バランスの良いフォームで速く走るには、腕、肩、胸の筋肉の強化も必要なのです。

また、近年、体幹トレーニングが一世を風靡しています。腹筋、背筋のトレーニングは古来アスリートの必須項目で、さまざまな形の腹筋、背筋のトレーニングが行われてきました。

しかし、それらを駆使してもトレーニング効果が行き渡らない部分が体の奥底にあることがわかり、その部分までトレーニングの刺激が行き渡る方法が開発され、体幹トレーニングとして注目されるようになったのです。

体幹すなわち胴体を直接プレーに使う種目はさほど多くはありませんが、腕を使うにしても、脚を使うにしても、胴体がしっかり安定していないと高度な技術が繰り出せないということが明らかになり、いまやすべてのアスリートが体幹トレーニングに取り組んでいるといっても過言ではありません。

このように、一見プレーには直接関係していないような部位でも、高度なプレーを引き出すために重要な役割を果たしているということが理解されるようになり、結局は全身のバランス良い発達がもっとも大切であるという認識が一般化しています。そして、そうしたバランス良い発達を促すためには、幼少期から特定の部分に偏りのない動きを広く経験しておくことが肝要とされるようになっています。

先ほど、幼少期から専門トレーニング一筋に明け暮れた末にトップアスリートになったのは、ごく限られた超人的資質をもつ人の限定的な話である、ということを書きました。

それとは対照的なのが、メジャーリーグで大活躍している大谷翔平選手でしょう。大谷選手は人並み外れた体格と体力に恵まれていますが、決して幼少期から野球一筋で徹底的に鍛えられたわけではありません。

大谷選手は母親がバドミントン選手だったため、幼少期はバドミントンをしていたそうです。スイミングにも通い、4泳法（クロール・平泳ぎ・バタフライ・背泳ぎ）もマスターしました。小学2年生から父親が監督を務める野球チームに入ったそうですが、家に帰ってからも父子で猛特訓をするなどといった野球漬けの毎日ではなかったようで、本人は「週末だけの野球が楽しみでしかたがなかった」と語っています。バドミントンのスイングやステップ、水泳のストロークなどは、きっとどこかであの豪快なスイングや投球につながっているのでしょう。

そのほか、ゴルフの石川遼選手は小学校時代、サッカークラブに所属し、中学校では陸上部で短距離を走っていました。テニスの錦織圭選手も、5歳から小学6年生までサッカークラブに入ってプレーし、野球もやっていたということです。生来の資質に恵まれた人が幼少期に複数のスポーツで多様な刺激を受けていたのですから、「鬼に金棒」ということでしょう。

このように、アスリートの世界では幼少期から多様な刺激を受けながら育った人が国際舞台で活躍するようになっています。「〇〇一筋」という育成理念は実例とともに見直されはじめています。

そもそも年端もいかない子どもに、「やるのであれば一生この種目でがんばるべき」と決定的な取捨選択を迫るなどナンセンスです。幼少期のスポーツは中途半端で結構なのです。あちこちとつまみ食いをするように、色々な動きを体験することが大切です。

また、スポーツに乗り気でないときには別の遊びをすることも必要です。それくらいの気持ちの余裕をもってスポーツと向き合い、「体を動かすことは大好き」という気持ちを持続させることが大切です。

急がば回れ。健全な成長発達のためにも、また、将来、好きな種目の専門性を高めていくためにも、少年期には多様な経験をし、多種目に親しんで多様な動作を体験させたいものです。

## スイッチが入るまでは「楽しさ」最優先

親は、心身両面の成長発達を念じて子どもにスポーツをさせます。前章で確認したように、スポーツをすることで近代スポーツ創生の精神を実践することができれば、そうした保護者の期待に応えられることでしょう。

しかし、子どもたちに19世紀のジェントルマンと同様の精神をもてといっても難しい話です。スポーツ本来の精神を理解し実践するには、子どもの意識がある程度のレベルに高まるまで待たねばなりません。

２０１９年12月にスポーツ庁から発表された「令和元年度全国体力・運動能力、運動習慣等調査結果」（小・中学生対象）によると、「運動（体を動かす遊びをふくむ）やスポーツをすることは好きですか」という問いに対して、「好き」と答えた男子は71・2％、女子は55・6％で、「やや好き」はそれぞれ22・1％、32・0％となっています。基本的には多くの児童、生徒がスポーツに対して「好き」という気持ちをもっています。その「好き」という気持ちを失わずに長くスポーツを継続すれば、やがて「スポーツをする意味」についても理解するようになるでしょう。

そのためには、まず子どもたちには毎日のスポーツが「楽しい」と感じさせ、「明日もやりたい」という気持ちになる環境設定が必要です。

前述のベネッセ教育総合研究所の「第3回学校外教育活動に関する調査2017」によると、年中（5歳）で50・2％、6歳（年長）で57・3％、7歳（小1）で61・8％、8歳（小2）で62・9％、9歳（小3）で66・4％が何らかの形で定期的にスポーツを習っています。種目の内訳はスイミング、サッカー／フットサル、体操教室・運動遊び、硬式テニス／ソフトテニス、ダンスがベスト5で、そしてあとに、硬式野球／軟式野球／ソフトボール、陸上競技／マラソン、バスケットボール、卓球、空手と続きます。

多くの子どもがスポーツに親しむのは好ましいことですが、水泳、サッカー、テニス、野球、陸上、バスケットボール、卓球など、本来、勝敗を激しく争う「競技種目」であるという点には十分な注意が必要です。

それぞれの競技で子どもの成長発達に則した指導プログラムが用意されていると思いますが、それでも子どもたちはいずれ必ず競技生活特有の壁に出合うはずです。それは、生来の運動能力や体格、気質による優劣です。競技として勝敗を競う以上、より速く、より強く、より大きく、より積極的な子が活躍するのは自明の理です。

運動能力に恵まれ、試合で活躍できる子は、どんどんスポーツが好きになっていきます。もっと活躍したいと、自ら進んで練習するようになります。

では、そうでない子はどうなるのでしょう。自分はスポーツが大好きなのだけれど、上手な子にはかなわない。どうしても試合に出られない機会が多くなり、出てもミスが多く、自分が足を引っ張る存在であることがわかる。指導者も、上手な子やその親も、冷たい視線を送ってくる。その結果、好きな気持ちもいつの間にかしぼんでやめてしまうというパターンは、よくある話です。

スポーツは体格や身体能力が優れているほうが圧倒的に有利です。しかし、スポーツには体格や身体能力で劣る部分をどうやって補うか、という知的な戦いの部分もあり、そこから「自分らしいプレー」を開発していく楽しみもあります。

大相撲の炎鵬関は、幕内最軽量の身体ながら練りに練った作戦で巨体の相手に立ち向かう取り組みで人気を博しています。サッカーの長友佑都選手は、170センチメートルの小柄な体格ながらヨーロッパの一流チームで堂々とプレーし、日本代表を長きにわたって支えています。

このように生来のハンディキャップを、トレーニング方法、技術、戦術の創意工夫で克服する喜びがあるのもスポーツの醍醐味の一つなのですが、そうした意識をもつには、ある程度の経験を積み重ね、客観的な思考ができる段階まで進まなければなりません。その意識が発現するまでの間、スポーツに対して興味を失わず、自分が成長できた実感をもち、意欲を減退させないような環境づくりをするためには、何よりも日々スポーツすることそのものが「楽しい」と実感させることが不可欠です。

「楽しい」という感覚はさまざまな現象から味わえますが、スポーツでは達成感、到達感がそれを生み出す大きな要素になっています。自力で何かを成し遂げた、努力して克服できたという歓喜が自己肯定感につながり、プレーすることが「楽しい」と感じるわけです。

この自己肯定感は、絶対的なものと相対的なものがあります。運動能力に優れた子どもは、絶対的な自己肯定感を容易に感じることができます。ほかの誰よりも速い、うまい、という事実があるからです。

一方、運動能力に恵まれない子どもにとって大切なのは相対的なものです。つまり他者との比較はともかく、自分自身が以前の自分より成長しているかということを実感できるか否かが重要になるわけです。

以前に比べてあれができるようになった、これもできるようになった、という自分自身の成長が実感できるような環境設定がとても大切です。そのなかから一つでも

「褒められて自信がもてた」というプレーができるようになると、「自分はこれなら得意」と自己肯定感を強め、そこから「やる気スイッチ」が入るものです。

一度「やる気スイッチ」が入ると、自ら進んで練習をしたり、得意技を磨いたりするようになります。その段階に達すれば、間もなく「自分の特徴が生きるのはこういうプレー」という、自分の特性に合った動き方や戦い方が理解できるようになり、生来の運動能力のハンディを補う「賢さ」も身につけられるようになります。

このように、一人ひとりが以前の自分との相対的な比較のなかで成長を実感できるような環境があれば、スポーツへの興味は継続し、やがてどこかで「やる気スイッチ」が入ります。そのためには子どもたち一人ひとりの特性をよく見極め、個々の成長・発達、体格、素質、気質に応じた対応が何より必要となるのです。

## 「運動」なのか「競技」なのか

スポーツによって刺激され、発達が期待できる子どもの身体機能は大きく分けて三つあります。筋力、心肺持久力、調整力です。

筋力は、筋肉の出力、つまり体を動かすことの根本的な原動力です。筋力が不十分であれば、動作そのものに活力がなく疲れやすくなり、姿勢も悪くなります。

心肺持久力は、連続した動作を一定時間以上、継続する粘り強さの要素です。心肺持久力が不十分であれば、少しの動作ですぐに息切れしてしまいます。

調整力は、自分の動きをコントロールしたり、バランスを取ったり、道具を巧みに操作したりするための要素です。調整力が不十分であれば、転びやすかったり、転んでも素早く手をつけなかったり、人とぶつかりそうになったときに機敏に避けられなかったりするなどの危険に直結します。

この三つの要素は、元来、自由な外遊びのなかで成長とともに自然に譲成されるものでした。お相撲ごっこ、木登り、石の遠投比べなどの遊びは筋力を、鬼ごっこ、縄跳びなどは心肺持久力を、石蹴り、ゴム跳び、ろくむし、三度当てなどは調整力を養いました。昭和30～40年代生まれまでの人たちは、子ども時代、毎日そうした遊びに明け暮れていましたから、幼少期にとくにスポーツを習わなくても、それなりに三つの要素が十分に刺激され、丈夫で健康な身体に育ったわけです。

現在では、「外遊び」の代わりにスポーツが子どもたちの身体を鍛える役割を担っています。そして、子どもたちが参加するほとんどが競技スポーツです。

前項で、スポーツが「競技」という性格を帯びると、それは健康を育むどころかむしろ体を痛め、不健康な状態に追い込む活動になると書きました。少年スポーツも、そうしたスポーツ活動のネガティブな部分と常に隣り合わせになっています。

競技として成績や記録を上げるには、その競技に特有の技術を身につけるために、特定の動作の反復訓練が必要になります。それは競技者として高まるために必須のことですが、少年期の成長、発達という視点から見ると、あまり好ましいことではありません。

幼少期から特定の反復動作を繰り返していくと、ある動きはできるけれど、別の動きは苦手という偏りのある発達をしてしまう恐れがあるからです。

たとえば、私の専門のサッカーでは、幼少期からずっとサッカーばかりやってきた子どもたちも少なくありません。そういう子のなかには、野球のようにボールを投げることがうまくできなかったり、前転でうまく体を転がすことができなかったり、というケースがあります。柔軟体操をすると、祖父の年齢に当たる私よりもずっと体が硬いという子どもも珍しくありません。

特定種目に偏った訓練を長時間続けることによるもっとも深刻な問題は、スポーツ障害の発生です。一週間あたりのスポーツ活動が「年齢×1時間」より多い場合には、スポーツ外傷・障害、とくに重いスポーツ障害が発生する可能性が高いという、さまざまな研究結果が出ています。

「外傷」とは、打撲、切り傷など一度のアクシデントで生じるものです。

「障害」は、疲労骨折、靱帯・腱の炎症など特定の箇所に長時間負担が続いたことで生じるものです。少年期はとくに後者に対する十分な注意が必要です。

少年期の骨は、強い負担の繰り返しに耐えられない構造になっています。骨の端のほうで骨芽細胞が盛んに新しい骨をつくり、体を大きく育てているのですが、その部分が軟骨組織になっていて外力に対して弱い構造なのです。

必要以上に強い力が加えられたり、弱い力でも過度な反復が繰り返されたりすると、この軟骨部分とその周辺が炎症を起こします。少年スポーツでは足首、膝、股関節に痛みを訴える子どもが多くいますが、それは疲労の蓄積、過度の負担が原因となって、それぞれの部位の軟骨組織が悲鳴を上げていることの表れです。

痛みを感じるほど過度の負担が加えられる原因は、競技として勝利や好記録を追求するための活動がエスカレートするからです。人一倍、練習すればより多くの勝利を得られ、良い記録が出ると考え、子どものキャパシティを超えた負担をかけてしまうのです。こうした状況に陥ると、運動によって成長や発達に好ましい効果を得られるどころか、勝利のために身体を犠牲にするという本末転倒の方向に進んでいくことになりかねません。

少年スポーツの身体面での第一の目的は、体力の3要素を無理なく順調に成長、発達させることにあります。障害を招くような競技者養成の訓練を課すものではないということを片時も忘れてはいけません。

## 本当に心の成長につながるのか

運動の心理的効果として、爽快感の獲得、不安の解消、ストレスの軽減、うつの改善などが各種研究データで証明され、近年では運動習慣が高齢になってからの認知症発生を軽減させるという研究結果も示されています。

私たちは総じて、スポーツで体を動かすことが心理的にプラスの効果をもたらしてくれると信じています。子どもでもそうした効果が期待できるのでしょうか。

子どものスポーツと心理の関係を取り上げた研究で、私がもっとも注目したのは「集団の雰囲気」と心理の関係を調べたものです（＊参考文献1）。

その研究では、指導者が成績志向的雰囲気をつくるチーム、すなわち他者と比較して優れること、勝つことに価値を置き、結果を重視するチームと、課題志向的雰囲気をつくるチーム、すなわち学習に価値を置き、個人的な進歩や上達、努力を高く評価するチームとで、指導を受ける子どもの心理状態の変化が比較されました。

それによると、成績志向的雰囲気のチームの子どもには、高い不安や動機付けの低さ、仲間との強い葛藤、スポーツマンシップの低さなど、ネガティブな感情が多く見られるのに対し、課題志向的雰囲気のチームの子どもには、運動有能感の高さ、満足感、ルール・審判の尊重、スポーツマンシップの高さ、道徳性など、ポジティブな感情が多く認められました。

勝利至上主義の環境で常に欠点を指摘されたり、失敗を責められたりしながら結果を残すことばかりを求められていると、不安が高まるばかりでなく、仲間意識やフェアな精神までも揺らぎかねない、という結果が示されています。

一方、基準を自分自身の中に置き、自分が自分をどう変えていけるか、という部分に注力する環境のほうが、スポーツをすることによる好ましい心理状態を形成することがわかったのです。

勝利至上主義のなかで勝敗や記録にこだわる環境に置かれると、子どものなかにネガティブな心理が形成されやすいという点には十分に注意を向けておく必要があります。それが、子ども自身の不安定な心理を形成するだけでなく、いじめとして他者の攻撃に向かう恐れを秘めているからです。いじめを起こす心理の一つに、優越感の獲得があります。他者に自分より劣る要素を見つけ、自分が優位にあることを確認する心理です。

また、「仲間はずれ」をつくることで、自分が確実に多数集団に帰属していることを確認する、という心理もあります。いずれも、普段の生活で自分に対する肯定感が乏しく、不安が大きく、ストレスに満ちていることが引き金になります。

スポーツにおいて毎日、技量の巧拙を取り沙汰され、欠点を指摘され、勝敗や記録に追い立てられていれば、心理的な不安定は増大し、どこかでそのはけ口を求めるようになることは必然です。それが他者に対するいじめの心理につながっても不思議ではありません。この点に関しては、第7章で再びくわしくふれていきます。

甲子園大会を目指す野球の強豪高校で、上級生による下級生への暴力事件が後を絶ちません。名門とされた大阪のＰＬ学園も、出場停止を受けるほどの暴力事件を起こしながらもその体質が一向に改まらず、結局、野球部そのものが廃部になってしまいました。

こうした暴力事件の中心になるのは多くの場合、レギュラーにはなれない上級生です。厳しい練習を繰り返しながら、自分の存在意義が確認できないことの不満や鬱憤が下級生への暴力行為につながっているということが容易に想像できます。

子どもの言動は、周囲の大人の鏡と考えてもいいと思います。スポーツの指導者が「勝つチームは良くて負けるチームは悪い」「上手な子に存在価値があり、下手な子は邪魔だ」というメッセージを発していれば、指導を受ける子どもたちも自ずとそうした価値観で周囲を見ていくようになります。「あの子のミスで負けた」「あの子が出なければ勝てた」というメッセージを親が発していれば、子どももその視点で仲間を見るようになります。

ここで言うメッセージとは、何も面と向かって発する言葉だけではありません。表情、態度など、非言語的メッセージも含まれています。わずかな時間だけしか交代出場させないなどという行動も、「指導者はこの子を大事に思っていない」という一種の非言語的メッセージです。

そうしたさまざまなメッセージを受け取りながら、子どもは大人の価値観を受け継いでいきます。ですから、子どもたちのいじめ行為は、実は大人が発している価値観の表出ということでもあると思います。

子どもの心身両面の健康を願ってスポーツをさせたのに、不安を高めたり自信を失ったり、ストレスをためて他者へのいじめに走ったりしては、元も子もありません。

子どもたちにスポーツを通じて健全な心理を形成してもらいたいと思うなら、まず周囲の大人たちがこの本の冒頭に書いた「近代スポーツの精神」を思い出し、少年期に我が子にスポーツをさせる意味を確認しなければなりません。

＊参考文献1
『体育教師のための心理学』　大修館書店　スポーツ社会心理研究会訳
Duda, J. L., and Balaguer, I. (2007) Coach-created motivational climate. In: S. Jowett and D. Lavallee (eds) Social Psychology in Sport, pp. 117-130. Human Kinetics.
Kavussanu, M. (2007) Morality in sport. In: S. Jowett and D. Lavallee (eds) Social Psychology n Sport, pp. 265-277. Human Kinetics.
Vanden Auweele, Y., et al. (eds) (1999) Psychology for Physical Educators. Human Kinetics.

第3章

# 子どもとスポーツの意外な事実

## 子どもの筋力が伸びていない原因

スポーツ庁が全国の小中学生を対象に実施した「令和元年度全国体力・運動能力、運動習慣等調査」（2019年12月発表）によると、平成20年度以降、小中学生の体力テストの記録低下が顕著で、とくに小学生男子の平均記録が過去最低になっていることが示されました。

種目別に見ていくと、男子の握力、50メートル走、ソフトボール投げの記録が平均値で過去最低となり、立ち幅とびも過去最低の記録（平成27年度）からわずか0・2センチメートル上回っただけでした。

女子でも平均値でソフトボール投げが過去最低を記録し、握力は過去最低だった平成27年度とわずか0・04キログラム差、50メートル走も過去最低だった平成22年度とわずか0・02秒差、立ち幅とびも過去最低だった平成25年度とわずか1・11センチメートル差という結果でした。

前章で、スポーツで向上させたい体力の3要素は筋力、心肺持久力、調整力だと紹介しました。現在の小中学生で低下傾向にあることが示された握力、50メートル走、ソフトボール投げ、立ち幅とびは、いずれも筋力に深く関係しています。この調査結果のみならず、さまざまな過去の体力に関する記録を比較しても、子どもたちの筋力に関する数値が伸びていないことは明らかです。

筋力は、筋肉への一定レベル以上の刺激と栄養補給、休養によって発達します。現代社会の状況から、こうした現象の要因は、子どもたちの筋肉に十分な刺激が加えられていないことにあると考えられます。

ところで、現在、スポーツを習っている子どもは5歳で50%を超え、小学4年生男子で75・9%、同女子では61・0%に達し、小学生全体では63・6%にもなっています(ベネッセ教育総合研究所「第3回学校外教育活動に関する調査2017」)。

このように、多くの子どもが日常的にスポーツを体験し、体が鍛えられているはずなのに、筋力に深く関係する体力テストの記録は低下、あるいは停滞しています。

こうした矛盾した現象が生じる一因として、少年スポーツの活動のなかに、子どもたちの筋力向上に関して適当ではない環境が存在することを考えねばなりません。

その不適切な環境は、過度の競技化から生み出されていると私は見ています。

先ほど、少年スポーツの過度の競技化はやり過ぎにつながり、スポーツ障害を発生させ、心理面でもネガティブな部分を押し出すと書きました。こうした競技化が過熱したスポーツ少年たちは、やり過ぎと断定できるほど鍛えられているのですから、当然、平均値よりは高い筋力をもつに至るはずです。問題は、そうした加熱した活動をする子どもたちの一方で、同じ組織にいながら十分な指導を受けられない子どもが存在するということです。

十分な指導を受けられない子どもとは、もともとあまり運動能力が高くない子どもです。そういう子どもは、自ら進んで外遊びをする意欲も低い傾向があり、親主導でスポーツクラブに加入するケースが多いようです。

本来、そうした子どもたちに体を動かす喜びを体感させ、自ら進んでスポーツに関わるようにする環境を整えるのが少年スポーツの指導者の役割です。

ところが、指導者のなかにはそうした本来の任務を認識できず、子どもたちを競技者の卵として扱い、自分を競技力向上のコーチと勘違いし、成績をあげて「名監督」という賞賛を得ることだけに腐心する人がいます。

そうした指導者は、生来の運動能力が高い「できる子」ばかり熱心に手厚く指導をします。「できる子」は打てば響くので指導者も容易に手応えを感じ、次々に新しい課題を課し、子どももそれをすぐに克服する形で、指導はどんどんヒートアップしていきます。

一方、「できない子」は指導に対する反応も鈍く、技能の伸びも停滞しますから、指導者の熱意も積極的には向けられず、試合に出場する機会も少なく、いわば「放っておかれる」時間が長くなります。こうした状況で「できる子」はどんどん体力を伸ばしていく一方、「できない子」の体力は停滞したままになってしまいます。

私の専門のサッカーでは、中心選手が常にすべての試合にフル出場して大活躍する一方で、わずかな出場機会しか与えられない子、あるいはまったく出場する機会が与えられない子がいるチームは決して珍しくありません。

人一倍、運動量も豊富で、常に体力の限りを尽くしている子と、大半をベンチで過ごしている子とでは、体力の差は開くばかりになってしまいます。

私が現在の競技化した少年スポーツを見て実感するのは、試合で活躍しているような子どもたちには、少年時代の私（小学校で一番、足が速かった）よりはるかに足が速く、力も強く、スタミナもあり、技能も高い子が多い、ということです。

少年時代にスポーツ万能を誇った私が現代にタイムスリップしたとしたら、どんな種目でも、とてもレギュラーにはなれないかもしれません。こうした優れた運動能力をもつ一部の子どもたちは、体力テストの数値を上げることに貢献しているはずです。

しかし、子ども全体で見れば数値は停滞しています。もちろん、スポーツクラブにすら参加せず、ゲームなど室内遊びばかりに明け暮れ、明らかに運動不足の子どもたちが増えている点も、体力テストの記録が停滞している要因として考慮しなければなりません。

しかし、大多数の子どもが少年スポーツに関わっている状況にもかかわらず、体力テストの記録に停滞している部分があるのは、やはり、活動内容に問題があるからだと考えざるをえません。

我が子をスポーツクラブやスポーツチームに加入させたとしても、無条件で外遊び不足を補う環境が与えられ、日に日に体が強くなるとは限らないということを認識しなければなりません。指導者に「戦力になる」と目をかけられなければ、常に「その他大勢」としての扱いを受け、子どもの体力が停滞する恐れがあるのです。

## 無理しない、自分なりにの落とし穴

一方、そうした競技化とは一線を画し、子どもに「スポーツの楽しさ」を体感させることを旨とした指導、つまり「子どものスポーツの本来あるべき姿」を実践してい

第3章

子どもとスポーツの意外な事実

ると思われる組織の活動のなかにも、注意すべき部分があります。別の意味で問題を抱えている場合があるからです。

私の専門のサッカーでは、徹底的に足技、ボール扱いのテクニックを伝授するスクールやチームがあります。そこで一定水準以上の技術が伝授されること自体は良いのですが、たとえば、名選手の足技を見事に披露できるようになった子が、キックでボールがまったく跳ばない（フォームの問題は別として筋力的問題で）とか、少し激しく動くと息切れして集中力が乏しくなるとか、身体発達相応の筋力、心肺持久力の開発が遅れていると感じられるケースがあります。

たしかに、少年時代にはテクニック指導などを通した調整力を刺激する活動が重要です。少年期は脳を筆頭とする神経系の発達がもっとも著しい時期なので、筋力、心肺持久力、調整力のうち、圧倒的に調整力に関わる能力の伸びが著しいという特徴があるからです。

その理論に基づき、上手さ、巧みさ、バランスの良さを育むことを最優先するような環境づくりをすることはとても大切です。その理論が指導のなかで実践されているからか、体力テストのなかでも調整力に深く関わる「反復横とび」は、平成20年度以降、ほぼ右肩上がりを示しています。その点は評価できるのですが、だからといって筋力や心肺持久力への刺激を置き去りにすることは好ましくありません。

筋力を向上させるためには、それぞれの発達レベルで「力一杯」という状況をつくることが必要です。心肺持久力を向上させるためには、「息が激しく弾む」という状況が必要です。これらは子どもにとって心理的に負担になりますが、それを乗り越えずには筋力や心肺持久力の向上は期待できません。ですので、そうしたつらさ、苦しさを意欲的に、できれば「楽しい」という感情とともに、克服できるような環境づくりができるかどうかが、指導者の腕の見せ所になるわけです。

しかし、競技化から一線を画し「本来の指導」を標榜する指導のなかでは、つらさ、苦しさをともなうような設定イコール競技化と短絡的にとらえ、「巧みさ」の追求だけに注力するという、反対の方向に針が振れすぎている環境づくりも見受けられるのです。こういったことも問題です。

競技化に傾倒しなくても、スポーツに参加しながらあるレベル以上のつらさ、苦しさを克服していく経験は体を発達させるためには避けて通れない、という認識が必要です。それが「楽しみ」と「達成感」をともなう形であることが理想です。

競技化から一線を画した指導のなかでもう一つ注意したいのは、切磋琢磨という競技的な感覚の先鋭化を警戒するあまり、安易に自己肯定感を与えすぎることです。

「それでいい」「よくできた」「すごいぞ」といったポジティブな評価が子どもの承認欲求を満たし、有能感を育て、意欲の源泉になることは数々の研究結果で証明されており、そうした対応は積極的に活用すべきものです。しかし、むやみやたらと乱発すればよいものではなく、効果的な使い方が求められます。

近年、スポーツでも教育でも躾でも、人と比べて優劣を確認したり、限界に向かって心身を酷使したりすることよりも、マイペースで「自分らしく」「できる範囲で」ということが強調されることが増えました。これも子ども一人ひとりが自己肯定感を獲得するために好ましいアプローチですが、一方で、子どもが無理のないレベルで容易に満足感を覚えがちになるという弊害もあります。

幼いころから何事につけても「それでいい」「よくできた」と肯定される経験を重ねているために、改善、向上の余地が十分にあったとしても、ほどほどのところで「これでいい」と満足する傾向があるのです。

また、少し努力をすればワンランク上のレベルに到達できるポテンシャルをもっているにもかかわらず、「自分ができるのはこれくらい」と身の丈に合った（と自分で思い込む）設定をし、それ以上のことは「無理」と早々と見切りをつけてしまう傾向もあります。

繰り返しになりますが、体力を向上させるには一定レベルのつらさ、苦しさを乗り越えなければなりません。少しつらさを感じたり苦しさを感じたりした時点で「無理をしなくてもいい」「十分よくやった」と安易に達成感をもたせると、「努力はこの程度で十分」という感覚が身についてしまいかねません。

もちろん、本人の気持ちがともなっていないところで周囲の大人が「もっとできる、やめるな」と追い立てたり、「ここであきらめてはダメだ」と強制したりする形で努力させても効果は少なく、スポーツ嫌いを増やすだけです。

しかし、少し難しい状況にチャレンジして克服する意欲を引き出す環境を用意しなければ、いつまでたっても子どもは自分の殻を破れず、体力も伸びません。

少年スポーツの過度の競技化は問題ですが、だからといって、自分の殻を破ることや、何かに挑戦して克服していくことに醍醐味を感じずにスポーツに携わったとしても、得るものは乏しく体力も向上しません。さじ加減は非常に難しいのですが、周囲の強制ではなく、本人が意欲をもち、挑戦する意思を抱き、自らの意思でハードルを乗り越えていくような環境設定が望まれます。

# スポーツ教室に参加していないほうが体力がある？

現在、多くの子どもたちがスポーツを体験しているのに、筋力に関係するスポーツテストの記録が停滞しています。その原因として過度の競技化による選別があり、また反対に、競技化を忌避しすぎるあまり体力への負荷が低すぎる活動もあると紹介しました。

次に紹介する2010年の研究データ「幼児の運動能力と指導ならびに性格との関係」（杉原隆、吉田伊津美、森司朗、筒井清次郎、鈴木康弘、中本浩輝、近藤充夫）は、子どもたちのスポーツ環境のなかで、見落としがちなもう一つの事実を示しています。

それによると、現在、保育時間内に運動指導をしている幼稚園は全体の70～80％にも達していて、そのうち70％以上が専門の指導者を招いた一斉指導を実施しています。活動内容は体操、水泳、サッカー、マラソン、マット、跳び箱、鉄棒、縄跳びなど多岐にわたっています。こうした状況下、専門の指導者による一斉指導を行っている園と、子どもが自由に遊ぶ時間が中心になっている園、さらにはそれが半々の割合になっている園に分け、子どもたちの運動能力を比較しました。

その結果、意外なことに、専門の指導者が一斉指導を実施している園の子どもたちの運動能力がもっとも低いという分析が示されました。

指導者に専門の指導を受けている子どもたちよりも、自由に遊び回っている時間が長い子どもたちのほうが、運動能力が高いという結果が示されたのです。

私はこの結果について、一斉指導という形態ゆえの弊害が示されていると分析しています。スポーツの一斉指導では、整然と並ぶ、順番を待つなど、集団行動にコミットするために自由な行動を自制しなければならない時間が多いこと、また、指導プログラムが平均値を指標とした「横並び」の動きになりがちで、より高度なものや激しいものに自由に進展していくことに制限があること、などの特徴があります。

その結果、子ども一人ひとりが体を動かす時間が十分に確保できていなかったり、プレーや試技ごとの強度が子どもによっては十分でなかったりしているのでしょう。

同じ研究で、さらに興味深い結果が示されています。子どもたちが園で運動遊びをするときに、種目、やり方、ルール、目標、課題などをどのように決めているかということに関して、「ほとんどすべてを子どもが決めている」から「ほとんどすべてを指導者が決めている」まで5段階で分類し、「遊び志向点」として示しました。子どもが決める割合が高くなれば「遊び志向点」は高くなります。運動能力との関係を見ると、「遊び志向点」の得点が高いほど運動能力も高いことが示されました。

この研究結果から、運動能力を伸ばしていくために、いかに子どもたちの自発的な活動が重要であるかがわかります。

日本人のスポーツを巡る概念のなかには、「集団で整然と行動する」ことが重要であるとするイメージが強くはびこっています。そのため、クラブや教室と銘打って活動する場合、指導する側は整然とした行動や規律などを通して「スポーツ的」な活動のイメージを打ち出そうとし、また子どもを送り出す親側も、そうした集団規律のような部分に「スポーツ的なもの」を感じることが多いようです。

しかし、先の研究結果にも示されているように、子どもの心身の発達にとっては、指導者の号令一下、整然と集団行動をとらされることよりも、自由気ままに動き回ることのほうが、効果が高いのです。できるだけ外的規制を少なくし、子どもの自主自立の行動が生きるような環境づくりが必要なのです。

ですから、真に子どもの成長発達を考えているスポーツクラブやチームでは、必要以上に子どもを拘束せず、子どもの意思で動ける時間を長く確保するはずです。それは旧来の視点から見れば、雑然としている時間が長く「スポーツ的」ではないと受け取れるかもしれません。しかし、子どものためにはそうした環境のほうが好ましいのです。

少年サッカーの試合会場の前で開門を待っているとき、「待っている時間を無駄にするな」とばかりにグラウンド周囲の道をランニングさせたり、全員揃って技術練習やストレッチングをさせたりしているチームをよく見かけます。

とにかく「皆で一斉に揃って」何かをしていないと無為な時間を過ごしているように感じるのでしょう。スポーツチームに所属している子どもを秩序なく自由に遊ばせておくことに対する、背徳感のようなものがあるように思えます。

また、練習時間の前後や試合の合間などに、個人コーチのように我が子を指導する父親をよく見かけます。少しでも時間があれば「遊ばずに意味のある時間を過ごせ」とばかりに、技術練習の復習のようなことをしています。

それが、子ども自身が望んだことであり、子ども自ら父親を引っ張り出して練習のパートナーにしているのであれば、それはまったく問題ありません。

しかし、そうした行動の大抵は父親が主体になっています。我が子が遊んでいることが無駄な時間であり、わずかな時間でも上達のために有意義に使えとする社会人の経済論理的な発想が見て取れます。

統制の取れた集団行動で拘束すること、大人主導で何かを与え続けることが、子どもの成長発達にとって必ずしも良い効果をもたらすものではないという認識をもたねばなりません。

日本的な視点で「スポーツ的ではない」と感じられる無秩序で自由気ままな時間や空間のなかに、実は子どもの体力を伸ばし、自主性を育む機会がちりばめられている、ということも忘れずにいたいものです。

第4章

# 武士道とスポーツの関係

## 実はサムライはフェアではなかった

男子のサッカー日本代表の愛称といえば「サムライブルー」、野球の日本代表の愛称は「侍ジャパン」です。サムライという言葉から連想されるのは、死を恐れない勇敢さ、主君への忠実さ、一つのことに一心不乱に精進する求道精神、正々堂々と正攻法を遵行する潔さ、などでしょうか。

こうしたサムライの生き様こそが「武士道」であり、それが日本古来の誇るべき精神文化であると私たちは信じているのではないでしょうか。武士道的な視点、考え方はいまでも日本のスポーツ界に深く根を張っていて、少年期のスポーツ指導にも強く影響を及ぼしています。

さて、歴史上のサムライたちは、本当にいまのスポーツ少年たちの手本になるような行動を実践していたのでしょうか。ここでは少し寄り道をして、日本のスポーツ精神の支柱とも考えられ、少年たちの指導において、何かと根拠にされることの多い武士道的な考え方やサムライたちの生き様を検証してみましょう。

古典文学の研究者である佐伯真一・青山学院大学教授がその点に関して、非常に興味深いエピソードを紹介しています（『戦場の精神史—武士道という幻影』NHKブックス）。以下、要約です。

《平家の越中前司盛俊（以下、盛俊）は、平家劣勢の戦況で源氏の猪俣則綱（以下、則綱）と組み合います。盛俊が則綱を組み伏せ、首をとろうとしたとき、下になった則綱は「自分は高名な武士なので、自分が誰か知ってから討てば大きな手柄になるはず」として自己紹介をしつつ、続いて戦況の現実について語りはじめます。「自分を討ってあなたが生き残ったとしても状況は圧倒的に我々、源氏が優勢なので、結局あなたは敗者として落人になる。ここで私を助けてくれれば後に源頼朝公に申告し、親族もろとも助けるように計らう。あなたのお名前は」と問いかけます。盛俊が自分の素性を話すと則綱は「高名な方ではないですか」と持ち上げ、「八幡大菩薩に誓って」と頼朝に盛俊一族の安寧を申告することを約束します。

二人の間に和議が成立し、仲良く腰掛けて荒い息を整えていると、遠方から源氏側の武士、人見四郎がやってくるのが見えます。平氏である盛俊が、新たな敵を迎え撃たねばならないかと気にして背を見せた瞬間、則綱は先ほど命を助けてもらい和議を誓ったにもかかわらず、盛俊に後ろから襲いかかって倒し、首を取ってしまいます。

駆けつけた四郎は則綱と同じ源氏で、しかも親戚関係でありながら、引き連れていた郎等の数にものを言わせて則綱を脅し、盛俊の首を横取りします。手柄のためには手段を選ばないという弱肉強食の論理が強行されたのです。

しかし則綱はその前に、ひそかに盛俊の首から左耳を切り取っていました。のちに論功行賞の場で四郎は横取りした盛俊の首を掲げ、自分の手柄であることを示しましたが、そこで則綱は耳を取り出し、本当は自分の手柄だと主張して認められました》

いかがでしょうか。武士同士の命の奪い合いには正義も卑怯も関係なく、生き残り、功名をあげることに対して、それこそ「何でもあり」であったことがわかります。

さて、問題は、この則綱の行為に対して、「サムライの魂」を伝承する武家社会ではどのような評価が下されていたかということです。則綱は武士の風上にも置けぬ卑怯者として非難されたのでしょうか。

佐伯教授は、『平家物語』をはじめ『吾妻鏡』『太平記』などに記載されている平安後期から鎌倉、南北朝の時代までは、則綱のように「だまし討ち」を駆使することを批判する記述はなく、当時の感覚では「虚偽・謀計を用いて敵を討つことは、それほど強い非難の対象にはならなかった（中略）と考えておくのが、もっとも妥当であると思われる」としています。

さらには「(前略)その後、合戦が打ち続く時代を経て、だまし討ちはより積極的に肯定されるようになってゆく。その屈折点は、おそらく室町時代から戦国時代に求められよう」と分析しています。

室町時代から江戸時代にかけて武家で広く読まれていた『義貞軍記』には、先ほど紹介した「だまし討ち」の則綱を賞賛する記述があり、以下のような内容が説かれているそうです。

「大切なのは、命を捨てても敵に勝とうとする勇敢さと、実際に敵を打ち負かす強さである。正直さや理の正しさ、つまりは正義も名誉ではあるが、それは大した名誉ではない。どうせ名誉にこだわるならば、より大きな名誉を取れ。つまり、正義と勝利のどちらを選ぶかと問われれば、迷わず勝利を取らねばならない、それが名を惜しむということだと、『義貞軍記』は教えているわけである」

佐伯教授はまた、16世紀末から17世紀にかけて、すなわち豊臣秀吉の時代から江戸初期にかけて成立したと見られている『太平記』に付随する物語や逸話を加筆した『理尽抄』について、その内容を以下のように解説しています。

「(前略)一言で表現するとすれば、『知謀主義』あるいは『謀略主義』といってよいだろう。猪突猛進する無策な武士を『血気の勇者』と軽蔑し、策謀をこらして、できるだけ自らの被害を少なくしながら敵を討つのが良将であるとする」

どうやらサムライとは、私たちがイメージするような清廉な行動規範をもつ存在ではなかったようです。口先三寸で相手を騙して危機を脱し、恩や約束など意に介せず隙を見て命を助けてくれた相手を冷徹に殺し、報償を横取りされる危険を感じれば事前に手を打って証拠を隠しておく。そんな猪俣則綱の生き様を肯定的にとらえ、推奨し続けたのがサムライたちの価値観だったのです。

サムライたちの哲学は決して潔く正々堂々としたものではなく、実はかなり現実的、実利的で、現代に生きる私たちには「えげつない」とも思えるものでした。

## 「武士道精神」の創作とスポーツへの影響

もう少しだけ歴史的な流れの検証におつきあいください。「えげつない」とも思えるサムライたちの行動規範が変容していくのは江戸時代からです。

幕藩体制が確立されて天下太平となると、下克上の戦国で当然とされた行動原理をどのように平和な社会の倫理にしていくのか、武士たちのなかに葛藤が生じます。時代に即した新しい規範を模索する武士たちに大きな影響を与えたのが、当時の支配階級に浸透しはじめた儒教でした。

儒教の土台になるのは「孝」という概念です。「孝」は親、親類、縁者などの人間関係を大切にする概念ですが、それは先祖から子孫までの永続的な生命のつながりを俯瞰する概念でもあります。

孝行とはすなわち、生命の連続に畏敬の念を示すことです。その「孝」を踏まえたうえで、人の行動の基本とされるのが「仁」という概念です。

「仁」とは他者への思いやり、いたわり、気遣いなどで、キリスト教でいう「博愛」に近いものでしょう。そして、「仁」を遂行するための具体的な行動を表すものとして「礼」という規範が存在します。

「礼」は、祖先祭祀などの「吉礼」、葬儀などの「凶礼」、権力者などに対する「賓礼」、結婚などの「嘉礼」、軍事・国防・治水・土木などの「軍礼」の五礼に分かれます。それは現在、私たちが一般的に考える「礼節」だけではなく、生活から政治、法律、経済、軍事に至るまで広く社会全体を統制する規範です。

しかし、政治に直接、関わりをもたない庶民には「賓礼」や「軍礼」は馴染みがないので、冠婚葬祭を中心に「吉礼」「凶礼」「嘉礼」などを通じて人間関係の基本である「礼」を身につけていくことになります。

たとえば、日本のスポーツ界でかなり重視されている「長幼の序」。これが「礼」として大切という考え方は、親や祖父母を筆頭に自分より前の世代があることでいまの自分がある、という生命の連続を認識する「孝」の概念に基づきます。また上司、師などに忠誠であれという視点も、多様な人間関係のなかで活かされている自分を俯瞰して見るべきとする「孝」の概念から発生しています。

こうした儒教的概念が、天下太平となった江戸時代に新しい理念を求めていた武士階級に深く浸透し、その理念の遂行、つまり「礼」の実践こそが「武士道」であるという考え方が定着していきます。

「武士道」は、明治時代に入り、より決定的な脚色をなされることになります。開国後、脱亜入欧の政策の下、海外列強の先進性に圧倒された日本ですが、やがて西欧文化の急速な流入に抵抗する動きが生まれ、日本文化の価値を再評価する思想が活発化します。その潮流のなかで「日本的なるもの」の代表として、にわかに「武士道」という概念が台頭してきます。

とくに山岡鉄舟の語った「武士道」は、流入した西欧文化にコンプレックスを抱いていた日本人の矜持を刺激する強力なメッセージとなり、そののちの日本の武士道的理念の原型になっていきます。佐伯教授によれば、山岡は「まず仏教の四恩を語り、次いで社会の堕落と科学の発達の関係を語った後、日本には古来、『天地未発の前』から、『皇祖皇宗《こうそこうそう》』に伴って『武士道』が存在していたと語り、それが衰えつつあることが社会の乱れの原因であるとして、武士道精神を根本に据えることが必要である」と説き、それは、「ほとんど荒唐無稽《こうとうむけい》ともいえる内容」であり、「『変貌』や『転身』などという言葉ではおさまらない、『転生《てんせい》』と呼ぶべき事柄であるように、見える」というほどの内容でした。

どんな手を使ってでも相手を倒すという極めて身体的、実践的だったサムライたちの格闘技術論は、江戸時代に儒教哲学的な理念の洗礼を受けたのち、明治期に仏教的思想、皇国史観などを加えた末に、日本独自の精神としての「武士道」という形にまとめられたのです。

こうして創作された「武士道」という概念は、同時期に海外から流入してきたスポーツにそのまま移乗されます。同じ身体を駆使する勝負事として、武術もスポーツも「道」を極めていくものであり、それにふさわしい「生き様」が必要とされたのです。

その結果、武士道の精神に従って振る舞うことがすなわちスポーツマンとしてふさわしい態度である、という視点が形成されました。それ以来、現在に至るまで、日本ではスポーツと武士道的精神が強力に結びついています。

たとえば日本のスポーツ界では、師すなわち指導者の指示は絶対です。師弟間では反論はもちろん、議論することさえ稀です。こうした規範は儒教の「孝」の概念から発生しています。また、長幼の序に関して厳格であること、先輩・後輩の関係には絶対的な上下関係が存在し、言葉遣い、態度が規定されていることなども「孝」の概念からの派生です。「礼」は、グラウンドやコートの入退場に際しての礼、試合開始、試合終了の際の対戦相手への礼、審判・相手ベンチ・相手応援席・大会本部席・自陣応援席への礼などという形で励行され、礼儀正しさはスポーツマンと同義語と言ってもいいくらいの認識が広まっています。

また、武士道を構成する要素の一つである皇国史観は「孝」の概念と仏教の四恩の概念が基盤になっていますが、その概念は日本のスポーツ界でいまなお、さまざまに形を変えて生き続けています。

四恩とは父母、王（天皇）、衆生（生命）、三宝（仏・法・僧）への恩を知り、それに報いていくことを説いた思想です。武士道では、この「民の親たる天皇への忠誠、報恩」というモデルを日常の組織運営や人間関係にも適応させるのですが、スポーツにおける組織と個人、指導者と選手の関係にも同じ論理が発動されています。絶対的に「上」の位置にある組織の恩恵を「下」の選手が賜るという視点、あるいは、絶対的な存在である監督の指導は「恩」であり、勝つことはその「恩」に報いることとする視点などは、日本のスポーツ界では馴染み深いものです。

無心に一つの道に精進すべき、という理念は仏教の修行の概念の影響でしょう。スポーツ以外のことに興味を示すことを排し、ひたすら心身の限界を極める苦行に身を投じることで道が開けるという考え方も、修行と同じ視点からくるものでしょう。髪を丸刈りにするという日本のスポーツ界独特の慣習も、僧の修行を真似たものかもしれません。

このように日本では明治以来、儒教、皇国史観、仏教などがないまぜになった独特の倫理観である武士道が、「スポーツの精神」につながるものと理解されています。もちろん、それが人格形成、道徳観念の確立に良い影響を与える部分もありますが、一方で、それが本来、スポーツで譲成すべきものを阻害することもあるので、十分な注意が必要です。

## 特定の場面での「礼」で真の礼節が育つのか

もっとも注意が必要なのは「礼」という概念です。日本のスポーツ界では現在、「礼」は生活全般を規定する規範という儒教本来の意味から変容し、挨拶という概念に特化しています。その結果、日本ではスポーツに関わる人は、そうでない人に比べてとくに礼儀作法に厳格である、と考えられるようになっています。子どもにスポーツを習わせる母親たちの多くが「人に対する礼儀やマナーを覚える」という部分に強い期待を寄せているのです。

日本の少年スポーツでどれだけ礼節の指導が熱心に行われているかは、サッカーの大会会場に出向けばわかります。そこでは、次のようなシーンが日本中いたるところで繰り返されています。

まず、チームが試合会場に入る際、整列して「よろしくお願いします」とグラウンドに礼をします。次に、大会本部の前に整列し「今日一日よろしくお願いします」と礼をします。試合開始の際、対戦相手に「お願いします」と礼をします。試合が終わると「ありがとうございました」と礼をします。そのあと、相手側のベンチに行って

「ありがとうございました」と礼をします。次に、審判団に対して「審判に礼」と頭を下げます。一日の試合スケジュールが終わると、監督・コーチと向き合い「今日はありがとうございました」と礼をします。次に応援の保護者たちに「応援ありがとうございました」と礼をします。そして大会本部前に行き「今日一日ありがとうございました」と礼をし、最後にグラウンドに「ありがとうございました」と礼をして会場を後にします。

このように、子どもたちは一試合をこなすために最低でも10回礼をし、試合が一つ増えるたびに試合前、試合後、審判、相手ベンチの四つの礼が加算されていきます。なかには「礼の気持ちがこもるように」と、腰を90度に折り曲げ、頭を下げた姿勢のまま5〜10秒間くらい静止することを義務づけられている子どもたちもいます。絶叫するような口調で「ありがとうございました」を叫ぶチームもあります。礼の徹底ぶりには本当に驚かされます。

日本のスポーツ関係者が厳しく礼節の指導を行うこと自体は良いことなので、それは今後も継続してほしいと思います。しかし、それが本当に子どもたちの成長のための血肉となっているのだろうか、と疑問に思うこともあります。

あるとき、大声でグラウンドに礼をしているチームの子に「なぜグラウンドに礼をするの」と問いかけたことがあります。当然、「グラウンドをサッカーのために使わせてもらうから」という答えが返ってきます。正答です。そういう精神をもつことは素晴らしい。

であるなら、グラウンドだけでなく、自分が使わせてもらう場所、お世話になる相手に対しては、常にその精神をもってこそ本物の礼の精神ということになるはずです。

たとえば、その子は毎日、学校の門をくぐるときに「今日もよろしくお願いします」と頭を下げているでしょうか。学習塾の教室を出るとき「ありがとうございました」と頭を下げているでしょうか。もちろん、子どものことですから「自分が礼を尽くすべき場所」を自覚できるか否かの問題もあるので、少し揚げ足を取るような指摘になってしまいますが、大切なことは「形式」に従うことではなく、本当に自分が「感謝」を感じることができているかどうかということです。

私は少年の指導のかたわら成人サッカーチームの監督もしていますが、試合会場の入退場に際して、子どもたちのように「お願いします」「ありがとうございました」と挨拶をしている大人の選手を見たことがありません。

また、私は試合会場で関係者とおぼしき人にはすべて挨拶をしますが、対戦相手の選手に挨拶をして無視されたことは一度や二度ではありません。

さらに試合中、激しいぶつかり合いがあった際、審判の判定が自分の思いどおりではないと、口汚くののしる言葉を投げかける選手は珍しくありません。試合中のいざこざを根にもち、試合後に「謝りにこい」と暴力団のように徒党を組んで凄まれたこともあります。

6割以上の子どもがスポーツを習っているのですから、成人になってもスポーツに積極的に携わっている人の多くは、少年時代に指導者から厳しく礼節をたたき込まれているはずです。きっと彼らも一試合につき10回の礼をすることを、数え切れないほど繰り返してきたはずです。

しかし、それほど徹底して礼儀をたたき込まれた子どもたちが長じた後の姿が、このように無礼な人間なのかと思い、がっかりすることが多いのです。

日本のスポーツ関係者は年齢にかかわらず、たとえば試合会場のように、「ある場所と状況」に限定された場合の礼儀に関してはとても丁寧です。自分が関係する組織の年長者に対する礼儀もとても丁寧です。

しかし、その「設定」を外れたときにも同様に礼節を重んじる態度を忘れていないかというと、疑問符をつけざるをえません。それは、少年スポーツで励行されている礼の精神が、形式を厳しくなぞらせてはいるものの、真に子どもたちの血肉となっていないからではないでしょうか。

儒教の祖とされる孔子は、「礼は形式だけになりやすい」と警告しています。人はどうしても形式さえ遵守していればいいという気持ちに流されやすく、真に大切なこと、すなわち「礼」の精神を抱くことが疎かになりがちであると、すでに紀元前の昔に指摘しているのです。

礼節はスポーツだけに深く関係することではなく、すべての人間にとって必要なことです。礼節の徹底はスポーツ指導者だけに委ねられることではなく、家庭を筆頭にすべての大人が子どもに対して教育すべきことです。

「礼節を学ばせたいからスポーツチームに入れる」という発想自体が間違っています。礼節の指導はスポーツの監督・コーチに委ねるのではなく、まず親から行うべきことなのです。そして、形式的に頭を下げさせることではなく、その意義についてきちんと教育していくことを決して忘れてはいけません。

## 師弟関係の非合理なコーチング

日本では、スポーツの指導が武道の師弟関係になぞらえられることが少なくありません。師は絶対的存在ですから、弟たる選手はどんなに理不尽な要求であっても師の指示には従わねばなりません。一方、選手の側も人生のすべてを投入して師の教えを受け取ろうとします。

指導者と選手の間で本来、もっとも重要なのは技能の伝授であるはずです。しかし、日本の場合、選手は指導者から技能の伝授についてよりも、世界観、人生観、哲学を学ぶというケースが多いようです。実際、成功したアスリートが恩師と呼ぶ人から学んだことを語る場合、それらを取り上げることがほとんどで、具体的な技能について語ることは稀です。

このように、師すなわち指導者から弟すなわち選手に技能の伝受が行われる際、両者が非常に強い心理的絆で結ばれることを理想とする視点も、どうやら江戸時代に形成されたようです。

戦国時代には現実的な殺傷技術が問われた武術でしたが、270年の太平が続いた江戸時代になると、次第に奥義など理念の部分が強調されるようになっていきます。その結果、手法や技法の伝授と並んで、師がその生き様によって問わず語りに示す奥義を弟子が「盗む」といった形式が広まり、常識では理解不能とも思える理不尽な修行に耐えたのちに「免許皆伝」を許される、という育成モデルが完成します。

この師弟関係の育成モデルが、現在の日本のスポーツ界でも脈々と生きています。

師弟は強い心理的絆で結ばれている一方、伝授される内容は大抵の場合、合理的、科学的な体系としてまとめられていることは少なく、いかようにも理解できる理念的、哲学的内容であることがしばしばです。そのため、それを理解するには「師」の世界観や人生観そのものを解読しなければならず、それは日常のすべてを「師」に捧げる生活をするなかから感じ取っていかねばなりません。そのために「師」の身の回りの世話、掃除などが修行の一歩であるとされることも多々あります。

このように師弟が心理的に一体化している育成環境では、人間性も含めた濃密なノウハウの伝授が行われますが、その一方で、あらゆる事象に関して「弟」は「師」に支配される関係になってしまいます。「弟」の主体性はなくなり、「弟」は「師」の完全なる従属物となります。

それでも武道では修行の末に免許皆伝となれば、「弟」は「師」の手を離れ自立していくのですが、スポーツの場合、自立が完成しないケースが少なくありません。

その一つは、師の強い束縛から離れた途端、反動でたがが外れてしまい、厳しく自分を律する精神が疎かになり、日に日に「安き方向」に流されてレベルを落としていくケースです。もう一つは、いつまでたっても心理的に師から離れられず、自分の自立した羅針盤がもてないため、判断に迷ったときに強い意志で自己決定できず、大切な場面での勝負弱さを露呈するというケースです。いずれもプロ、アマ問わず、日本のアスリートのなかでよく見かけます。

高校選手権までは破竹の勢いで勝ち進み、全国制覇もしたものの、プロのチームに入って「自己管理」を求められるようになると伸び悩み、日本代表に選ばれても期待されたほどの活躍ができない、という選手は種目にかかわらず多数います。少年時代にあまりに指導者に強く依存した生活をしすぎたために、外部から強力に導かれないと実力が存分に発揮できない、という選手になってしまっているのです。

ところで、サッカー日本代表の監督を二度務めた岡田武史さんが、日本とドイツの指導者の違いについて聞かせてくれました。岡田さんはかつてドイツでプロ指導者となるべく勉強をしたのですが、研修期間中、ピッチ上で展開する事象について日本で行われていることがドイツのそれと違うと感じたことはなく、技術的に何か新しいことが学べた実感はなかったといいます。

しかし唯一、日本と決定的に違うと思ったのが、指導者と選手との間に厳然とした一線が引かれていることだったそうです。ドイツには、指導者と選手の気持ちのつながりというような日本的な心理は一切なく、指導する者とプレーする者という、はっきりとした区別があったといいます。

それはドイツに限ったことでなく、世界のほとんどで当たり前のことです。

指導者が選手の私生活にまで深く入り込み、進学や就職に関わり、ときには女子選手の結婚の世話までするなどといったことは、世界基準で見れば極めて特殊です。指導者と選手が濃密な心理関係で結ばれるという現象は、日本独特のものと言ってもいいでしょう。

その濃密な心理関係は、選手が成功した場合には苦楽をともにした師弟の美談として称えられますが、その一方で、先ほど挙げたように自立できない、勝負弱い選手をつくるリスクも多分に含んでいます。

少年期にスポーツを行う意義として、自立した行動をとれるようになる、ということは最重要課題です。子どもたちはスポーツを通じて、自分の頭で考え、自分の意思で判断し、行動し、それを修正していく、という訓練が十分になされるべきです。

武士道的な師弟の概念にとらわれすぎると、それが滞るばかりか、かえって他者依存的な人間を育てかねないのです。

# 「試合運び」が稚拙な日本のアスリート

武士道的な精神の一つとされる「精進」という概念も、日本のスポーツに強い影響を与えています。もともとは、仏教の修行者が煩悩を振り払い悟りの道を追求する生き方を示しています。聖なる境地に進みゆくために、俗であるもの、汚れたものを清めるという意味も含まれています。これらの概念がスポーツに移乗されるとき、スポーツ以外の事象は「俗」や「汚れ」と同様に考えられ、技能の獲得や勝利が「悟り」と同様に考えられます。

そのため、日本ではスポーツに臨む場合、ただ一つの道だけを一心不乱に突き進む姿勢こそが尊い、という視点が尊重されます。それが心身のバランスの良い成長・発達を阻害することになりかねないという危惧については、第2章で指摘しました。ここではもう一つ、視野の狭さ、思考の硬直化による柔軟な応用力の欠如につながりかねない、という危惧を指摘しておきます。

あらゆる誘惑に惑わされず、愚直に信じる道を突き進むという姿勢は、修行僧としては理想的ですが、スポーツには不適切です。なぜならスポーツでは、プレーの展開や時間経過、得点差などによって瞬間、瞬間に異なる状況が生まれ、それにどれだけ適切に対処していけるか、という能力が求められるからです。

何か一つの形に照準を絞って徹底的にそれを貫く、という姿勢では到底対処できないことがほとんどで、常に臨機応変な対応力が求められるのです。いわゆる「引き出しの多さ」が勝負を分けるのです。

2014年のFIFAワールドカップブラジル大会前後、サッカー日本代表の関係者は盛んに「自分たちのサッカー」という表現を発し続けました。そこには、何があっても自分のスタイルを貫き通すという潔く強い決意を感じますが、一方で、そのスタイル以外では戦えないという弱点の暴露という見方もできます。つまり、彼らの言う「自分たちのサッカー」ができない場合は勝てない、と言っていることでもあるわけです。ちなみに、前述したように、その2014年のワールドカップで日本代表は1勝も挙げることができませんでした。

大会終了後、日本代表関係者は異口同音に、「自分たちのサッカーができなかった」という発言を繰り返しました。応用力、多様性が未熟であったことを反省する視点は乏しく、「自分たち」の戦い方をさらに高めるべきとする頑なこだわりが見て取れました。こうした姿勢に、サッカーのみならず、日本のスポーツ界で「あるべき姿」と信じられている概念が凝縮されていると思います。

それは、一つの道を信じ、その道を究めることに精進し、その方法で勝負すると決めて臨む姿勢にこそ美学があり、それで通じなかったときはしかたがない、負けたとしてもそれは「美しい負け方」である、という視点です。

もちろん、そのような哲学が美しい、尊いと思う人が大半なのであれば、無理をしてそれを否定し、変えていく必要はないでしょう。

しかし、勝負事には本来、色々な切り口と取り組み方があり、考え方ややり方次第では難しい勝負もこちら側に引き寄せることができる、という戦略的な考え方もあるはずです。そして、そのように知的に、柔軟に、賢く戦うことで勝負をものにすることも、スポーツの醍醐味の一つではないでしょうか。

たとえば、「じゃんけん」で何を出すかということは、戦略的思考のもっとも初歩的な体験でしょう。グー、チョキ、パーのどれをどのように出すかに関して、あらかじめ自分のなかで順番を決めて臨み、うまくいくこともありますが、相手にそれを感づかれた場合には即座に変更を余儀なくされます。自分の戦略を瞬時に考えると同時に、相手の出し方の法則性も読み取らねばなりません。

スポーツの試合では、より複雑な状況を読み解き「いま、自分が何をすべきか」を判断して、もっとも適切なプレーをしなければなりません。それは教条的に「教わったこと」ではなく、血肉に染みついた感覚の分野で発揮されるものです。

サッカーでは、相手に主導権を握られる時間が必ずあります。そうした形勢不利な流れのときは、一挙に形成逆転を狙うような不用意なことをせず、手堅いプレーに終始して最低限、自ら墓穴を掘らないよう耐えることが必要になります。その忍耐の時間を失点なく乗り切れば、やがてこちらが攻勢に出る時間もやってくるわけです。こうした試合の流れに応じたプレーの使い分けができないと、競った試合をものにすることはできません。

また、勝っているチームが「合法的」な時間稼ぎをすることがあります。あからさまにそれをすればイエローカードを受けるのですが、そうならない範囲で巧みに時間を浪費する駆け引きをします。さらには、劣勢に陥っているときには、激しい接触プレーのあと、必要以上に体が痛んだフリをして治療を受けることで、一気呵成に出てこようとする相手の気勢を削ごうとする場合もあります。

こうした「戦略的な行為」は、いずれも監督やコーチが教える正式な育成プログラムのなかにはありません。少年時代から成長していく過程で、さまざまな相手、さまざまな状況に出合うなかで、感覚的に身につけていくしかないのです。サッカー強豪国の選手たちは、それらが体感できる環境で育つので、何の躊躇もなく自然に駆使できるようになっています。

しかし、日本では違います。駆け引きを駆使して戦略的に振る舞うことは姑息である、卑怯である、とする感覚が根強くあります。また、泥臭く勝利に執着するくらいなら、華麗な正攻法を貫き、それで敗れてもよしとする「美しい敗戦」の美学も支持されます。

事実、この章の冒頭で紹介した猪俣則綱の行為に対して「賢く立ち回った」と賞賛する人は、現代の日本人にはあまり多くないでしょう。逆に、不快感をもつ人がほとんどだと思います。日本では勝負事に際して、明治時代に創作された武士道よろしく、常に正攻法で堂々と戦うことを旨とする、という感覚が根強くあります。そして、それがもっとも強く現れるのがスポーツのプレーです。

私自身、どんな手を使ってでも勝てばいい、という考え方は好きではありません。しかし、考えたり工夫をしたりすることなく、ただ習ったこと、決められたことだけを反復して勝負するというスポーツのあり方は正しくないと思っています。

スポーツは身体を駆使して行うものですが、同時に、いかにプレーするかという点に関して、とても知的な能力を必要とする部分があります。その知的部分の活用もスポーツの醍醐味の一つであるのに、日本では「ひたすら」「一心不乱」という修行的感覚がそこにストップをかけてしまいます。

スポーツ指導者の理想は、「どんな場合でも、迷わず自分たちのプレーを貫くだけです」という猪突猛進的な視点をもつ選手を育てることではなく、「どんな相手でも、どんな状況になっても、すべて適切に対処してみせます」という能力をもつ選手を育てることではないでしょうか。そのためには、日本のスポーツ関係者が、明治時代に創作された武士道の呪縛から解かれなければならないのです。

第5章

# 社会の期待とスポーツ

# 主体性とともに学ぶということ

第1章の冒頭で紹介したように、子どもにスポーツを習わせている母親は、「じょうぶで健康な身体になる」「自分の目標に向かって努力をする」など、子どもの心身の育成に期待を寄せています。

「選手としての技術が上達する」「大会や記録会でよい成績をあげる」「トップレベルの選手をめざす」など競技者としての成功を期待する回答は、いずれも少数派です。親たちはスポーツの教育的側面に意義を認めているわけです。

もとより競技者として成功する人間はごくわずかです。サッカーでプロ選手になれる確率は4万人に1人と言われています。私が住む神奈川県横浜市の小学校の児童数は、各学年おおよそ3万人前後です（平成29年度）。単純にその半数の1万5000人が男児として計算すると、横浜市の男児でプロになれるのは一学年で2～3年間に1人ということになります。競技者として生活していくことがとても狭き門であることは、ほかの競技でも同じかと思います。

子どもたちが「プロ選手になりたい」という夢を抱いて練習に励むことはとても大

切だと思います。しかし、現実には99・9％の子どもはどこかの時点でその道を断念し、やがて普通の社会人として生活することになります。そうした現実から考えても、子どものスポーツでは競技性を追求することよりも、教育的意義を考慮した指導がより重要になるのです。

とはいえ、教育的意義といってもかなり漠然としています。もちろん、成長過程にある少年期であれば、彼らを取り巻く森羅万象が教育の題材となるわけですが、広く教育的意義とくくられるもののなかから、もう少し具体的なものに目を向けてみましょう。

スポーツを通じて、子どもたちがどのような力を身につけてほしいと願ったらいいのでしょう。私はそれを「自立できる力」だと信じています。

自立とは、自らの意思によって考え、判断し、行動すること、すなわち主体性を発揮することです。スポーツを行ううえでこれほど重要なものはありません。

スポーツのプレーはすべて、その瞬間、瞬間にプレイヤーが考え、判断した結果として示されます。どんなに優秀な監督・コーチでも、一つひとつのプレーに直接関わることはできません。スポーツでは、プレーする瞬間にプレイヤーその人の主体性が完全に保証されているのです。プレイヤーが主体性をもってプレーすること、それこそがスポーツの魅力の源泉です。

スポーツは、プレーという行為を通じて行われる一種の自己表現です。誰もが自分の考えや判断したことをプレーで表現することが保証されているからこそ、スポーツは楽しいのです。

反対に、自分の意思を置き去りにして、人の言われたとおりにプレーすることほど、スポーツの楽しさから遠ざかるものはありません。自分の意思ではなく、他者の言うがままに動くことは、スポーツの「プレー」とはいえず、それは動物の調教に近いでしょう。

子どものスポーツでは、何よりも優先して自立できる力、主体性を育てなければなりません。そのためには、子どもたちが自分の目で見て、自分の耳で聞いて、自分の頭で考えて、自分の意思で決断する、という機会を数多く用意しなければなりません。言うまでもなく子どもは未熟ですから、自分で考え、判断することを委ねられると、大人から見れば正解ではない選択をしてしまうことも多々あります。

そのため、大人は最初から正解を用意して、有無を言わさずその正解を徹底して覚えさせるという指導をしがちです。しかし、それでは従順な「習い上手」ばかりが育ち、主体性はなかなか譲成されません。

主体性に関しては、文部科学省の小学校学習指導要領でも強調されています。「第1章　総則」のなかで、各学校は「主体的・対話的で深い学びの実現に向けた授業改善を通して、創意工夫を生かした特色ある教育活動の展開」を目指すとされています。それを実現するために、「課題を解決するために必要な思考力、判断力、表現力等を育むとともに、主体的に学習に取り組む態度を養い、個性を生かし多様な人々との協働を促す教育の充実に努めること」とされています。

また、道徳教育に関しても「自己の生き方を考え、主体的な判断の下に行動し、自立した人間として他者と共によりよく生きるための基盤となる道徳性を養うことを目標とする」と記されています。

このように、文部科学省も教育の根本として主体性を育むことを強調しています。算数、国語などの教科を学ぶうえでも、道徳観を養ううえでも、すべては子どもが自ら学ぼうとする主体的な意思や行動があってのこと、としています。

その意味では、スポーツ教育も文部科学省の求めるものと同じベクトルの上にあると言えるでしょう。スポーツ教育において子どもの主体性を伸ばすことは、国が求める教育理念を推進することにもなるわけです。

ところで、日本では子どものスポーツというと指導者の号令一下、整然と統制の取れた行動をする子どもたちの姿がイメージされがちです。しかし、そのように全員が一糸乱れず一斉に画一的に動くという姿のなかに、一人ひとりが自分で考え、判断する力を育み、主体性が譲成されていくという希望を見出すことができるでしょうか。

統制の取れた画一的行動を徹底するためには、指導者が強権を発動して個を強く抑制しなければなりません。一人ひとりの意思や判断は軽視され、個は全体の統制のなかに埋没してしまうでしょう。そのような環境では、確かな主体性の譲成は期待できません。指示どおり整然と動ける人間は育ちますが、状況の変化に応じて事態を把握し、臨機応変に対応していく能力、すなわち主体的に行動できる人間は育たないでしょう。

少年スポーツでは、子どもたち自らが考え、判断し、行動していく環境を整え、主体性を譲成していかなければなりません。それはスポーツ本来の楽しさを味わうためであり、同時に、スポーツの教育的意義のもっとも重要な部分を実践するためでもあるのです。

## 企業が望む人材とスポーツ

スポーツ少年たちが成長した後、彼らを取り巻く社会はどのような人材を求めてくるのでしょうか。社会で求められる人材をもっとも端的に示しているのが企業の求人でしょう。企業にとって、自社の健全な発展と存続のために優秀な人材を確保することはもっとも重要な事項です。企業が人事採用で重視する項目はすなわち、一般社会で求められている資質の象徴という見方もできます。

では、企業はどのような人材を望んでいるのでしょうか。2018年にリクルートキャリアが発表した「就職白書」によれば、企業が採用基準として重視する項目の上位3項目は、人柄（92・1%）、自社への熱意（77・6%）、今後の可能性（65・6%）となっています。4番目以降は40%台かそれ以下ですので、この上位3項目がかなり重要な意味をもっていると言ってもいいでしょう。

もっとも重視されている「人柄」ですが、具体的にどんな人柄が望まれているのでしょうか。

求人情報サイトｄｏｄａの調査によれば、企業が学生に求めている資質の上位3項目が「積極性」（74％）、「柔軟性」（60％）、「外向性」（59％）でした。こちらも4番目以降は40％台かそれ以下ですので、この三つがとても重要ということになります。この3項目は、いずれもスポーツと密接に関わっています。

積極性は、スポーツに不可欠の要素です。試合で相手を攻め崩す方法を自ら積極的に訓練し、試合でそれを積極的に発揮していく意識がなければ勝ち残れません。そこには当然、状況に応じて自ら考え、判断し、実行するという要素が不可欠ですから、猪突猛進するだけでなく、クレバーな状況判断に基づいた的確な決断力が必要になります。

ところが、日本のスポーツ界では、この積極性が譲成しにくい風土があります。それはスポーツ指導が欠点指摘や弱点修正の方式が中心になっていて、指導も選手の失敗を叱責することが基本になっているからです。そのため、選手は「指導者に怒られない」ことを念頭に置きがちになり、ミスをしないように大それた挑戦をせず、手堅く無難に成功することを選ぶ傾向があります。

日本のサッカー選手にはあまりシュートをせず、すぐにパスしてしまう傾向がありますが、日本サッカー協会では、シュートをミスしたときの指導者やチームメイトの非難が怖いからと分析しました。それ以降、サッカー界ではシュートミスをむやみに咎めない指導が奨励されるようになりました。リスクがあっても思い切ってトライする姿勢を評価する環境をつくる努力がなされています。

社会に望まれる積極性を身につけた人材に育ってほしいのなら、少年期のスポーツでは、まずすべてを指導者が教え込むのではなく、子どもが自ら考え、判断するための猶予を与え、それにトライすることを恐れない環境を用意することが必要です。失敗と叱責を恐れて無難な成功しか求めないような環境からは、主体性に基づいた積極性は育ちません。

第2の項目である柔軟性も、スポーツを楽しむうえでとても大切な要素です。スポーツの試合では、常に相手の長所を消し、こちらが優位になる戦い方をしなければなりません。反対に、相手にこちらの戦い方を読まれ、対策を立てられると勝利が難しくなります。ですから、刻々と変わる戦況に応じて、いま、何が必要かを的確に判断し、それにもっともふさわしい戦い方を選択する力が求められます。相手がいかなる戦法を用いてきても、それに対処できる「引き出し」の多さが求められると同時に、その「引き出し」から何を取り出し、どう使うのかという、柔軟な判断力が必要になるのです。

この柔軟な判断力の譲成を阻害するのが、指導者の示す方法を盲目的になぞることを強要する指導です。こうした指導で育てられた選手は、多様な対処への視点を遮断され、限定された方法しか知らずに育つため、極めて狭量な判断しか下せなくなってしまいます。「自分にはこれしかない」というように、応用力の乏しい硬直的な戦い方をしがちになります。

日本では、それを「信念を貫き通す高潔な姿勢」と評価することが多いようですが、対戦相手にとってみれば、これほど単純で対策の立てやすい相手はいません。

子どもたちの柔軟性を伸ばすには、まず子どもの自由な発想と、それを実行することに猶予を与える環境を用意することです。

たとえば、テクニックのなかから「得意技」を磨くことは、他者から手取り足取り教わって身につくものではありません。大抵は子どもの自由な発想と自発的な練習によって形づくられていくものです。

また、試合の流れを読む力や状況に応じてプレーを変えていく臨機応変な応用力は、子ども時代にはなかなか身につけることはできません。しかし、その力を伸ばす素地をつくっておくことが大切です。それは、言われたことをなぞってプレーするだけでなく、自ら判断して実行するという機会をできるだけ多く体験させることでつくられていきます。

第3の項目の外向性は、とくにチームスポーツと密接に関わりがあります。チームスポーツは一瞬一瞬の変化に対して、複数の選手があうんの呼吸で的確に連動していかなければなりません。当然、ある選手の思惑と別の選手の思惑にズレがあることなど日常茶飯事です。その場合、自分の意思を的確に仲間に伝えると同時に、他者の言い分も受け入れなければなりません。両者がうまく合意できればいいのですが、それぞれに譲れない部分がある場合もあります。そこで反目すればチームは崩壊しますから、どこかで折り合いをつけ、最大公約数としてもっとも適切な部分に着地点を探すのです。

こうした作業は「主張、交渉、妥協、合意」と言い換えてもいいかもしれませんが、社会一般に通じる行動です。チームスポーツでは、それらをプレーのなかで日常的に行われています。

子どもの場合、さほど高度な交渉ごとになることはありませんが、それでもチームとして連携を深めるには、必ず何らかのコミュニケーションが必要になります。

これらの作業をすべて大人が指図して画一的に決めてしまい、子どもはただ従うだけという環境では、子どもたちの外向性は育まれません。もちろん、すべてを子どもたちに委ねればいいかといえば、そうではありません。

未熟な子どもたちですから、気が強い子、積極的な子の意見がプロセスを無視して強引に通されてしまう場合もあります。大人は、そうした「手段の間違い」がないよう、冷静に見守ることが必要です。

## 入試問題への適応とスポーツ

２０１４年12月に開催された中央教育審議会（中教審）の「新しい時代にふさわしい高大接続の実施に向けた高等学校教育、大学教育、大学入学者選抜の一体的改革について」という答申をもとに、「大学入試センター試験」に代わり２０２１年から「大学入学共通テスト」が導入されることになりました。

新しく導入されるテストで注目すべきことは、従来のように記憶力や知識量が求められるのではなく、思考力、判断力、表現力の的確さが求められる内容になるということです。

また、共通テストの後、各大学が個別に入学選抜テストを行いますが、そこでも小論文、面接、集団討論、プレゼンテーションなど、多面的な要素を通して受験生の適正が判定されていきます。そこでは主体性、多様性、協調性、思考力、判断力、表現力などが重要な位置を占めています。

こうした新しい大学入試への対応を筆頭に、これからの教育では思考力、判断力、表現力といった能力が重要な意味をもつようになっていきます。しかし、これらの能力は、2017年に小中学生を対象に実施された「全国学力・学習状況調査」（国立教育政策研究所）で、いずれも得点が低調であることが示されています。また、思考力、判断力と関係の深い「読解力」に関しては、OECD（経済協力開発機構）加盟国が15歳を対象に3年ごとに実施している「学習到達度調査（PISA）」の2018年の結果で、日本の平均点が前回（2015年）より低下し、順位も8位から15位に下がったことが報告されています。

新たに求められている能力が、現実には低下しているのです。そこに歯止めをかけ、より思考力、判断力、読解力、表現力を高めていくには、それらの能力を育む環境を用意しなければなりません。スポーツに、それができるのでしょうか？

新しい入試では、これまでのように「正答」に至る方法を正確に覚えて再現する、ということが第一義には求められません。目前のさまざまな要素から必要な要素を抜き出し、必要に応じてそれらを分解あるいは統合させ、条件に従って整理、改変し、論理的整合性に従ってまとめあげ、その過程を端的に表現（説明）できる力が求められます。簡単にいえば、なぜ、どうして、という判断の基準が明確であることと、その理由が整然と説明できるか否か、ということです。

こうした論理的な思考方法は、スポーツとは縁遠いように思われるかもしれません。スポーツ界には「言葉ではなく体で覚えるもの。理屈をこねるよりもまず動くもの」という主張があります。たしかに、言葉や論理だけをいくら積み上げても実際に体で表現できなければ意味がない、という主張にも一理あります。

しかし、スポーツは生理学、医学、科学、化学、物理学、心理学、社会学などの英知を集積させた身体表現です。論理的整合性は常に追求され、科学的トレーニングが進化した近年ではその傾向はより強くなっています。論理的に考え、分析する力がなければ取り残されていく時代です。

ところで、スポーツには体の機能を改善していくトレーニングが不可欠です。そのトレーニングにはしばしば、筋肉や心肺機能に大きな苦痛がともないます。また、単純動作の長時間の反復など、強い心理的ストレスにも耐えねばなりません。そうした鍛錬の日々を送る際に、「どうしてこのようなことを行うのか」という論理的裏付けを理解しているかどうかは重要です。

人は自分が行うことの意味と目的、到達点が認識できていれば、強い意志で努力を続けることができます。反対に、意味がわからずにただ苦しいことに漫然と耐えねばならない場合は、目前の苦痛を取り除くこと（サボること）ばかりに関心が向きます。監視している目（指導者）に怒られない範囲で最低限のことをすませればよいという意識が生まれ、トレーニング効果という点ではとても非効率な時間を過ごすことになります。

理論（行うことの意味）を明示せず、その理解を軽視したトレーニングを継続しても、選手自身が、なぜ、どうして、ということを考え、語る力は譲成されません。そこでは上手に手を抜く心理ばかりが形成され、目的に向かう強い意志の形成と、効率的かつ効果的な結果が望めません。スポーツでは常に、なぜ、どうして、という理論的背景を踏まえ、自分の行動の「意味」を理解して動く訓練が必要です。その環境こそが、自らつらく苦しいトレーニングに挑む姿勢と意志を育てるとともに、自分がそれを必要とする意義を語れる力を育てるのです。

一つひとつのプレーについても同じことが言えます。いま、なぜ、そのプレーをしたのか、ということについて、すべてのプレイヤーが「意味」を、つまり自分なりの論理的裏付けをもっているはずなのです。その論理的裏付けは、チームスポーツで選手間のコミュニケーションを行う際に非常に大切な意味をもちます。「自分はこう思うので、君はこうしてほしい」と、自分の意図を伝える際の説得材料になるのです。

相手に何かを要求するのですから、自分の主張には十分な説得力が必要です。その主張が、自分がいかに深く考察し判断した結果であるかということが的確に表現できなければ、相手も受け入れてはくれないでしょう。「なるほど、わかった」と了解させるだけの洞察と分析、つまり論理的整合性が必要ですし、それを的確に伝える表現力も求められます。もちろん、相手からの要求を受け入れる際も、同様に論理的な吟味が必要になります。

このように、スポーツの技能を深めようと思えば、論理的思考とその表現は不可欠になります。子どものスポーツでも常に、なぜ、どうしてそうなるのかと考えること、また、自分はどうしてそのようにプレーしたのか、と説明できることは、とても大切なのです。

そのような習慣をつけていくことで論理的思考力を高める訓練ができると同時に、スポーツを科学的に考える下地がつくられていきます。そして、それが新しい大学入試に求められる思考力を後押しするのであれば、なお素晴らしいことです。

## 傾聴力は考えて発言できる環境があってこそ

サッカーのJリーグから、興味深い調査結果が発表されています。それは、2015年度の「Jリーグ新人研修」に際して、村井満Jリーグチェアマンが発表した、プロ選手として長く第一線級で活躍するための条件について、J1～J3全53クラブの契約担当者53人へ行ったアンケート調査の結果です。

2005年に契約を締結した新人120人が、2015年までの10年間に何試合出場したかを見ると、0～50試合が49人（21人は出場なし）、51～100試合が16人、101～150試合が10人と続き、251～300試合が21人、301試合以上が1人でした。10年間で0試合から300試合超まで、何がその出場数の差をつくるのか。

その要因について技術力、身体能力、人間力の三つのうち、どれがもっとも大きな役割を果たしたかを問うと、「人間力」と回答する契約担当者が多数でした。

さらに、人間力のなかでどういう項目が大切なのかを42項目から選んでもらうと、ベスト10は1位が傾聴力で、以下、主張力、忍耐力、自己啓発力、推進力、受容力、自己責任能力、持続力、協調力、支援力でした。

高度な技術を駆使した真剣勝負を披露するプロ選手ですから、成功する条件は、何よりも人並み優れた身体能力や誰にも真似のできない高い技術力と思いがちですが、そうした要素を差し置いて、人間力が選手として長く評価され続ける鍵になるという結果には驚かされました。

また、スポーツでは忍耐力や積極性などが重要というイメージがありますが、人間力のなかでもっとも大切なことは傾聴力と分析されていることも意外でした。

傾聴力とは、他者の言うことに謙虚に耳を傾けることのできる力です。言うまでもなく、それは単純に他者の言いなりになるということではなく、素直にアドバイスや情報提供を受けてそれをしっかり咀嚼し、自分なりに成長の糧とすることができる、ということです。それは判断力、分析力をともなった深い思考力がなければ機能しない力と言えるでしょう。そう考えると、一流プロの成功の条件として傾聴力がもっとも重要であることが納得できます。

2番目の主張力も、傾聴力と密接に関係しているでしょう。外部からの情報をきちんと受け止め、それを正しく処理し、自らの主張として整合性のある形にまとめあげることができるからこそ、堂々と主張することができるのではないでしょうか。他者の意見を素直に聞く耳、すなわち傾聴力のある人間の主張することだからこそ、周囲の人間もそれをただのわがままな自己主張ではなく、論理性をともなう説得力のある言葉として受け入れるはずです。

3番目の忍耐力、4番目の自己啓発力は互いに関連している部分があります。アドバイスを素直に受け入れる傾聴力があり、言うべきことをきちんと語れる主張力があっても、出場機会に恵まれないこと、あるいは望まない起用法を強いられることがあります。そこで腐らずに耐え、自分の新しい可能性を見つけるというエネルギーに変えていく意識があるか否かが、その先のステージに進めるかどうかを分けるのです。

ドイツ・ブンデスリーガでプレーする元サッカー日本代表・長谷部誠選手が、「苦労はすべて大歓迎。それが絶対に自分を成長させてくれるから」という趣旨の発言をしています。

長谷部選手は渡独後、決して自身が望む形ではないさまざまなポジションで起用されていますが、そのつど、評価に値するプレーを披露しています。ただ耐えるだけでなく、その経験をいかにポジティブな要素に変えていくか、という意識があってのことでしょう。

こうしたプロとして成功するための力は、言うまでもなく一般社会で活躍する人間も身につけておきたいものです。少年スポーツでも、その点を意識して子どもたちと接する必要があるでしょう。

プロサッカー界でもっとも重視される傾聴力に関しては、日本のスポーツ教育ではとてもよく訓練されているように見えます。

試合前、試合中、試合後、あらゆる場面で少年たちは指導者の前に整然と列をなし、指示や訓示を真摯な姿勢で聞き入れています。指導者の言うことを聞き取るという行為そのものに着目するならば、多分、日本の少年たちは世界一優れた「聞き入れる態度」をもっていると思います。

ただし、先ほどもふれたように、単純に聞くという行為があればいいのではなく、聞いた内容を咀嚼し、活かしていく力があるか否かが問題です。その意味では、傾聴力は2番目に重要とされている主張力と並行して考えていかねばなりません。聞き入れた情報を自分なりに消化し、自分の考えや発想を形づくった後、それを発信できることが保証されなければ、誰も自分なりの情報処理、つまり自分の考え方をまとめようとはしないからです。

自分の考えを発信することが許されない環境では、子どもは進んで自分の考え方をまとめようとはせず、常に指導の指示を待つ態度を形成してしまいます。その結果、指示されたことに関しては忠実に動けるものの、想定とは違う状況に遭遇したときに発揮される臨機応変の応用力は育ちません。

臨機応変の応用力を伸ばすには、実際に自分の判断であるプレーを選択した結果どうなったのか、ということを体験していかねばなりません。その選択の結果、良い状況が生まれることもあれば、悪い状況をつくってしまうこともあります。

いずれにせよ、指示されてではなく、自分自身が判断した結果がどうなったか、という体験が必要なのです。もちろんそこに指導者がヒントを与えることは必要ですが、子ども自身が「そうだったのか」と納得しなければ、経験値として血肉にはなりません。ここで重要なことは、判断を誤り失敗したときに、叱責するのではなく「なぜそうなったのか」を考えさせることです。そして、その原因が理解できていれば「よし」とすることです。

判断ミスを叱責すれば、子どもは失敗を恐れて、自分で決断を下さねばならないようなプレーを避けるようになるでしょう。しかし、「何が間違っていて、次は何をすればいいのか」を理解することが大事なのだとしておけば、失敗を恐れずに考えてプレーする習慣を強めるでしょう。

このように、自分の判断を尊重され、それを主張できる環境が用意されて初めて、子どもは指導者の言うことと自分のプレーをすりあわせながら考えていく力をもちます。本当の意味の傾聴力を高めるのです。

第6章

# 遊び、勉強、スポーツの役割

## コミュニケーション、課題解決

文部科学省は、従来の知識量を求める教育から「生きる力」を育てる教育に力点を置き換え、２０２１年から大学入試の形を大きく変化させました。

子どもたちの「生きる力」を育てるためには、学校教育を通した取り組みも重要ですが、同時に社会、地域、家庭など、子どもたちを取り巻く環境にいる大人たちすべてが、同じ意識をもって子どもたちと接することが必要です。日ごろの生活のなかで、子どもたちとどのように接していけば、思考力、判断力、表現力を柱とした「生きる力」が育つのでしょうか。

国立青少年教育振興機構が２０１５年に発表した興味深い調査結果「子供の生活力に関する実態調査」があるので、そのデータを見ながら考えていきましょう。

この調査では、子どもの五つのスキルの高さ（コミュニケーションスキル、礼儀・マナースキル、家事・暮らしスキル、健康管理スキル、課題解決スキル）が、周囲の環境によってどのような影響を受けるのかが調べられています。ここでは、そのうち「コミュニケーションスキル」と「課題解決スキル」について見ていきます。他者と良好なコミュニケーションが取れること、また目前の課題に適切な対処ができることは、スポーツを楽しむために欠かせない要素です。それはまた、文部科学省が求めている思考力、判断力、表現力を伸ばすために重要な役割を果たす要素でもあります。

コミュニケーションスキルは、以下の5項目がどれだけできるかが問われています。

・友だちの相談にのったり、悩みを聞いてあげること
・人の話を聞く時に相づちをうつこと
・自分と違う意見や考えを、受け入れること
・友だちが悪いことをしていたら、やめさせること
・初めて会った人に自分から話しかけること

調査結果では、「ふだんから地域の行事に参加する」「お手伝いの頻度が高い」「クラスに同性の友だちが多い方だ」などの割合が高い子どもほど、高いコミュニケーションスキルをもつことが示されています。このあたりは当然のことでしょう。

私が着目したのは、親の子どもへの接し方です。

日ごろから頻繁に「もっとがんばりなさい」と言うなど、口うるさく指示する「叱

叱咤激励型」の接し方をする親とその子どものコミュニケーションスキルの関係が示されています。親が叱咤激励型の接し方をする場合、その接し方の頻度が高い家庭でも低い家庭でも、子どもが高いコミュニケーションスキルをもつ割合（約30％）は変わりがありませんでした。つまり、子どものコミュニケーションスキルを高めるためには、口うるさく叱咤激励する形の接し方では、あまり効果がないということです。

スポーツの指導者が強い口調で指示を出し、子どもがそれに整然と従うという姿に「スポーツらしさ」を感じる親も多いでしょう。しかし、この調査結果を見れば、そうした指導スタイルのなかでは、子どもたちが高いコミュニケーションスキルをもつように育つことは期待できないことがわかります。強い口調の指示に従順に従うことを繰り返していけば、自ら考え、工夫する意欲は停滞し、指示を待つだけの人間になる可能性が大きくなるでしょう。交渉、説得、協議、妥協などを通して、他者と調整し合うコミュニケーション力が育つことは期待できません。

次に、課題解決スキルについて見ていきましょう。調査では、以下の3項目がどれだけできるかが問われています。

・一つの方法がうまくいかなかったとき、別の方法でやってみること

・トラブルがあったとき、原因を探ること
・目標達成に向けて努力すること

課題解決スキルの高さと関連が深かったのは、お手伝いの頻度でした。お手伝いの頻度が高い子どもの約61％が高い課題解決スキルをもっていることが示されています。お手伝いでは「自分の為すべきこと」が明確になっていますから、そのためにどうすればいいのか、考えることや工夫することが日常になっているからでしょう。また、「ふだんから外国の子どもや大人と話したり、一緒に遊んだりする」体験の頻度が高い子の約64％が、高い課題解決スキルをもつこともわかりました。育ちや文化が異なる相手と仲良くするために、工夫し努力する必要に迫られているからでしょう。

ちなみに、成人（20～60代）の調査の話ですが「20歳までのボランティア経験」が多い人の約60％が高い課題解決スキルをもつことも示されています。

こうした結果を見ると、課題解決のスキルを上げるには、子ども自身が考え、工夫して解決せざるをえないような環境が必要であることがわかります。自らの判断で行動するというプロセスの実体験が豊富であるほど、課題解決スキルは高くなります。スポーツでも、事細かにすべてを教え込むのではなく、常に子ども自身が考えて工夫する余地を残しておく環境設定をすることで、課題解決スキルが向上するはずです。

たとえば、私が低学年の指導をする際、16人の子どもに4列をつくらせるときに「四つの列がみんな同じ人数になるように並んで」と指示します。4人ずつ4列をつくるのですが、子どもたちは、最初は1カ所に7～8人の列をつくったり、一つの列には1人も並ばなかったりなど、とてもいびつな配分で列をつくります。そのうち誰かが、「同じ数じゃないよ」と気づきます。列のつくり直しが始まりますが、一列に4人以上いる場合、誰かが4人以下の列に移動しなければなりません。誰を移動させるのか、子どもたちなりの話し合いが始まります。

早く並んだ順に並び直す、というのがもっともオーソドックスな解決法ですが、足が速い子や上手な子が均等に配分されるように列をつくり直すなど、低学年としては高度な判断をする場合もあります。そしてじっくり待っていれば、子どもたちは上手に4人の列を四つつくります。

初歩的で単純な作業ですが、ここには課題解決力とコミュニケーション力の訓練が盛り込まれています。指導者が「君はここ」と強制的に振り分けてしまうことが一番早い解決方法でしょう。しかし、そうした指導を繰り返していると、子どもたち自身が、自分が置かれた状況を把握し、適切な行動をとるにはどうしたらいいかを考え、それを仲間と調整していく力は育ちません。

スポーツの練習はもちろん、日常の教育や躾においても、小さなことでもいいので、常に自分の頭で理解、判断して行動し、必要があれば適切な形に修正する、という作業をこなせるよう訓練することが大切です。

そのためには、子どもが試行錯誤するための猶予と時間を与えねばなりません。大人はそれを「待つ」必要があります。急いで短気になり、すぐに結果を求めるようでは、子どものコミュニケーション力と課題解決力は伸びません。

## 「遊び」の意義を見誤ってはいけない

スポーツと勉強の両立、文武両道は私の指導の基本です。常に子どもたちの心身両面の健全な発育を念じています。しかし、もっとも大切なことは勉強であり、スポーツも含めたそれ以外のことはあくまでも二の次という意識は、子どもをもつ親たちの間に依然として根強くあります。

あるとき、週5回も学習関係の習い事に通いながらサッカーにも来ている小学3年生の母親に、「もう少し余裕のあるスケジュールを組んであげられませんか」と話したところ、「勉強と違ってサッカーをやっていても将来、何もならないし……」と返されました。勉強の結果は進学や就職などに直接的に寄与するが、スポーツなど勉強以外のことに時間を割いても進学や就職に何の貢献もしてくれない、ということです。

この母親が言うように、有名な中学、高校、大学に進学するには、とにかく何よりも勉強に時間を取ることが第一なのでしょうか。

発達心理学が専門の内田伸子・お茶の水女子大学名誉教授らの「子どもの難関突破経験と子育ての実態に関する調査」で、意外な結果が2014年に示されています。

高い学習意欲で大学受験や資格試験などの狭き門を突破したり、憧れの職業に就いたり、何らかの分野で活躍するなど努力を実らせた「難関突破経験者」の親の子育て実態について調査したもので、「子育てでとても意識して取り組んでいたこと」を調べると、難関突破経験者の親の35・8%が「思いっきり遊ばせること」と回答しました。難関突破未経験者の親では同じ問いに対する答えは23・1%でした。また、「子どもの趣味や好きなことに集中して取り組ませること」に関しては、難関突破経験者の親が24・1%、難関突破未経験者の親が12・7%でした。さらには「遊びに対する子どもの自発性を大切にした」では前者が28・8%、後者が16・0%でした。

この結果に対して、内田名誉教授は「遊びを通して意欲、探求する喜びを味わったことが、その後の学力の向上にもつながっていると思う」とコメントしています。遊びというと、無為なことを好き勝手にやって、いたずらに時間ばかりが過ぎる、と思いがちです。しかし、「楽しい」と思って自発的に取り組んでいる状態の脳はとても活性化していて、学習が進む状況になっているのです。面白いことや楽しいことに集中することを通じて、脳の記憶力を司る部分や創意工夫の力を司る部分が刺激され、探究心や創造力、創作意欲が膨む下地が整うのです。

このように「楽しい」と思うことに熱中する意欲とともに学習機能を伸ばしていくことを、内田名誉教授は「楽習」と呼んでいます。

子どもたちはボール一つあれば、投げたり蹴ったり弾ませたり、さまざまな形の遊びを生み出します。サッカーと野球をミックスさせたキックベースなどはその典型でしょう。砂や泥は創作活動の宝庫ですし、棒きれ1本、木の実一つでもいろいろな遊び方が即興的につくられていきます。同じ遊具でも違った遊び方が生み出されます。こうした活動は、数式や単語を覚えるなど知識量を増やすこととは直接関わりませんが、情報を合理的に分類したり整理したりする力の土台になっていきます。

一方、親が学習を強制し、テストの結果ばかりを重視して評価をするような環境では、親が望む結果を出せるか否かの不安感や緊張感が子どもの脳にネガティブな作用をもたらし、柔軟な発想や創造性を停滞させ、機械的な記憶を短期的に溜め込むことしかできなくなります。イヤイヤ詰め込んだ一夜漬けの試験勉強や大学受験の勉強内容は、事細かに覚えられません。短期的な知識量があっても、「楽習」によって合理的な情報整理ができる人には、本物の学力という部分でかなわなくなるのです。

遊びで育まれるのは探究心、意欲、創造力だけではありません。仲間と楽しく遊ぶには、皆が勝手なことをしないよう一定の秩序やルールが必要です。そのルールをどのように決めるのか、話し合いで決めることもあるでしょうし、暗黙のルールが決まっている場合もあるでしょう。仲良く遊ぶには、それが意に沿わない内容であっても妥協して受け入れなければなりません。

当然、ルールの解釈を巡って対立することがあるでしょう。双方の言い分がぶつかり合って解決が望めない場合、問題をどのように「着地」させるのかも、子どもたち自身が決めることになります。大抵は「じゃんけん」などが使われます。そしてその後は、一度、決まったことに関しては遵守するという良識が機能します。

スポーツ的な遊びでも、鬼ごっこでも、カードゲームなどでも、誰かが一方的に勝ち続けるという状態は楽しさの興を削ぎます。そのような状況が生じた場合、技能の高い者が一方に偏ることなく勝負が均衡するようにと、子どもたち自身でチーム分けの決め直しをすることがあります。あるいは、戦力の劣る側に人数やルールでハンディキャップを与えるなどのアイデアが出されることもあります。

こうして、どうすれば皆が長時間、継続して均衡したゲームを楽しむことができるのかを工夫するなかから、フェアで平等な機会の下で競い合うことがもっとも望ましいことだ、という意識が育ちます。

このように、遊びを通して子どもたちは、自分勝手は慎むべき行為であること、皆が楽しむには一定のルールが必要なこと、決定事項は話し合いが必要で、紛糾したときには皆が納得する方法で決めること、決まったことは遵守すべきであること、楽しさの継続には合理的な変更も必要なこと、そこではフェアの概念が大切であることなど、社会的秩序の基本を自ら実践しながら身につけていくのです。

大事なことは、これらのことが大人の監視下で行われるのではなく、子ども自身の自主的な行動として行われるということです。そもそも遊びには強制がなく、誰でも好きなときに加わり、好きなときに抜けることができます。そうした自由で自主的な行動のなかで、子どもたちは誰に強制されるでもなく、自ら人としての秩序を保つための努力をするのです。そこには縮小された「社会」が存在すると言っていいでしょう。子どもの社会性を育むためにも、遊びが大きな役割を果たしているのです。

スポーツには多くの規制や秩序があります。すべてを遊びのように自由に解放することはできませんが、子どもの成長と発達を考えるなら、スポーツのなかにも可能な限り「遊び」の要素を残し、自ら進んで創意工夫する猶予を与えることが必要です。

## 「楽しい」の本当の意味

「遊び」に不可欠な「楽しい」と「自ら進んで」という感覚は、互いに密接に関わり合います。「楽しい」からこそ、「自ら進んで」という意識が強くなります。

小学生を指導していると、しばしばこんな経験をします。練習前の自由時間に、子どもたちが自主的にミニゲームなどを楽しんでいます。チーム分けもルールもすべて子どもたちが決めています。トラブルがあっても、話し合って上手に解決し、参加している皆がとても生き生きと動いていています。しかし、開始時間になって私が「集合」とホイッスルを鳴らし、正式なプログラムを開始しようとすると、とたんに子どもたちの元気がトーンダウンするのです。

私はほかの指導者よりも随分、楽しさと自主性にこだわった活動環境を用意しているつもりです。しかしそれでも、私から「与えられる」練習メニューよりも、子どもたち自身が自主的に行っていた活動のほうが何倍も「楽しい」活動であるということの証でしょう。練習メニューの内容うんぬんではなく、それが自分たちで始め、自分たちで管理できることなのか、あるいは人から与えられ、人の指示に従うものなのかの違いによって、「自ら進んで」という意欲もかなり違ってくるのです。

もちろん、子どもの自主的な活動にすべてを任せてしまえば、活動内容の偏りや不足が生じるでしょう。やはり、大人が上手にガイドしていくことは必要です。その際に、子どもが「自分で選択できる」という余地をどれだけ残すことができるのかが大切になります。たった一つの正解だけを強要するのではなく、いくつかの選択肢が用意されていて、「僕は（自分で考えて）こっちを選んだ」と自発的なプロセスが保証されるような練習メニューの設定が望まれます。

「楽しさ」には、このように「自分で決めた」という要素が大きな意味をもちますが、もう一つ大切なことは「なるほど」の要素です。「なるほど」とは物事の関係性、法則性、原理原則、仕組み、意味などが解読、理解できたときの心理です。知的満足感と言ってもいいでしょう。「どうしてそうなるのか」という意味もわからず、ただ言われたままにある動きを反復させられるのと、意味を理解したうえでそこに自分の意思を乗せて動くのとでは、まったく内容が異なります。

どうしてその動きが大切なのか、ということを「なるほど」と理解していれば、常に求めるべきことの本質を逃さない努力ができます。自分が為すべきことの「意味」を理解しているので、目標を達成するための独自のアプローチやユニークな方法を編み出せるかもしれません。そこに働くのは思考力、判断力、表現力です。

日本のスポーツ界では、長らく「理屈ではなくカラダで」という論理がまかり通ってきました。論理的背景などはどうでもいい、要はカラダの動きで示した者の勝ちである、という論理です。

もちろん、グラウンドで弁論大会を催すわけではないので、理論の主張ばかり立派でも、それが現実の動作に反映されていなければ意味がありません。その意味では、伝統的な考え方にも一理あります。しかし、論理的背景を軽視することは間違っています。より良いパフォーマンスを追求するための合理的な方法を模索するには、論理的な分析や科学的な思考は欠かせません。

極限の記録追求には無縁の少年スポーツでも、スポーツを論理的、科学的に見ていく視点は必要です。「なぜそうなるのか」という疑問をもち、「なるほど」と納得し、目標と自分が為すべきこととの因果関係を理解して努力することで、意識や意欲は高まります。自分のプレーの背景にある初歩的な論理を理解して努力することで、自分の足らざる部分を認識すると同時に、努力の成果も具体的に感じ取ることができます。

　このように、物事の背景にある原理や原則を発見し、そこから方法論を導き出し、それを目的に向かって試し、足らざる部分を修正し、自分の成長に結びつけていくという流れは、「知的満足」の探求と言い換えることもできます。スポーツから得られる喜びを考えるとき、勝利や上達だけでなく、この「知的満足」という要素も大きいのではないでしょうか。

　トップアスリートがしばしば「納得するプレー」という表現を使います。自分でこうあるべきという、選手ならではの理想があり、それが実現できるか否かに大きな意味があるといいます。極端な話、たとえ勝利しても「納得がいかない」プレーであった場合、手放しでは喜べないというアスリートもいます。彼らの「納得するプレー」とは、彼らが論理的に築き上げた自らの理想像、すなわち「知的満足」が満たされた姿なのではないでしょうか。

　スポーツの試合に際して、人は単に勝負に勝つことだけではなく、さまざまな目標をもちます。前回のような失敗をしないこと、無失点で終わること、ベスト8を目指すこと、得意技を出してみること、あるいは映画「ロッキー」のように負けたとしてもノックアウトされないこと、などなど。これらすべてが、勝ち負けを超えた部分にある「知的満足」に向けた行動です。それらが達成されたとき、人は勝敗を超えて満足するのです。その満足感こそが本当の「楽しさ」なのです。

スポーツには、身体を思い切り動かし、爽快な汗をかくことで得られる一時の感情発散的な「楽しさ」があります。その一方で、「なるほど」から始まり、論理的思考を巡らせた末に実践を通して得られる「知的満足」による「楽しさ」もあるのです。私は前者を「fun」の楽しさ、後者を「ieteresting」の楽しさと呼んでいます。子どもたちのスポーツにおいても、interestingを味わう喜びを多く知ってほしいものです。

第7章

# いじめとスポーツの本質

## いじめの根本原因とスポーツの本質

いじめは、深刻な社会問題の一つです。2017年に発表された文部科学省の調査によると、2016年度に小中学校で把握されたいじめの数は32万3808件で、前年度から約10万件増え過去最多になりました。

単純計算で一日当たり約890件とかなり大きな数ですが、注意深く見ていく必要もあります。以前に比べ、いじめを積極的に見つけ出す努力が推進されたこと、また、これまではいじめと認識されなかった「けんか」や「ふざけあい」も内容によってはいじめと分類されるようになったことなどが、認識件数増加につながっているとする分析もあります。

いずれにせよ、子どもたちのなかでいじめ、あるいはそれに類する行為が相当数、日常的に起こっていることは確かです。

いじめは近年になって突然、現れたものではなく、古来、人間の歴史とともに存在してきた私たちの「悪しき性」の一つといっていいでしょう。

人は潜在的に、自分の考えや行動が正しいかどうかを確認したいという動機から、自分と他者とを比較しようとします。「他者と同じだった」という部分をなるべく多く探し出し、心理を安定させようとします。自分の周囲に不安や恐怖など心理的に不安定になる要素が多いときほど、自分と似た境遇にある他者への親しみは増します。「そうだよね」と共感することで、自分の感じ方や考え方が正しかったことを確認し安心します。

他者と同じことで安心する心理は、一方で「斉一性の圧力」すなわち複数の人間の意見を一致させようとする力を生み出します。「自分は正しい」と確認し心の安定を保つために、集団の仲間同士ができるだけ同じ感じ方、同じ考え方であろうとする作用が働くのです。

その作用の反動で、異質と見なされる者を排除する心理が生じます。自分たちの感性や考え方が確かなものであることを永続的に確信したいために、その安定を乱す者を取り除きたくなるのです。こうした心理がいじめの原因の一つになります。人が常になにがしかの不安と隣り合わせで生きていて、その解消の一手段として他者との共感が不可欠である以上、反動として「異質の排除」という負の側面がついて回ることは宿命なのかもしれません。

いじめにつながる潜在心理をもつことが人間の宿命だとするなら、私たちにはそれをできるだけ発現させない努力が必要です。そのために、スポーツでできることは何でしょう。もっとも重要なことは、斉一性の圧力の源泉になる「他者と同じでないと不安」という心理に支配されにくい考え方や感じ方を、スポーツを通じて身につけていくことです。

そのためには、古来、日本のスポーツ界で大前提とされてきた、スポーツに身を投じること、すなわち個人の意思が強く抑制されて当たり前という視点、あるいは、選手は指導者の意思の下、絶対服従することが当たり前という視点を、改めねばなりません。

こうした環境から育つのは、自分の判断と意思を行動の基準に置くことができず、常に指導者の顔色を伺い、他者の動向を気にかけ、多数のなかに埋没していくことで安心する心理、すなわちもっとも斉一性の圧力に屈しやすい心理です。

スポーツとは本来、個々の選手の感じ方、考え方、判断の結果をプレーという形で表現する、極めてパーソナルな行為が原点になっているはずです。スポーツではまず、選手自身が「自分のプレーで為すべきこと」をイメージしなければなりません。そのイメージを出発点にいま、自分の置かれた状況を把握し、そこで必要なプレーを選び出し、いつ、どこで、どのように、どんな技術でそれを実行するか判断し、実際のプレーとして表現していくのです。それは極めて自律的な行動であり、本来、他者の指示、強制が関与するものではありません。

たとえばサッカーの選手が、自分が受けたボールをパスするのかドリブルするのか。あるいは野球の内野手が、ゴロを捕球したときに複数の走者に対してどの塁に送球するのか。これらのプレーはすべて、選手自身の瞬間的な自己判断の結果として示されます。サッカーでは、味方が「パスを出せ」と叫んでもドリブルが必要と判断することもありますし、野球では、味方が「二塁に投げろ」と叫んでも「三塁で刺せる」と判断して送球することもあるでしょう。もちろん、チームメイトの声は貴重な判断材料ですが、それをどう処理するかは最終的には選手個々の判断です。

スポーツではこのように、一瞬のうちに決定的な判断を自己責任で下さなければなりません。一つひとつのプレーに関して常に考え、適切な判断を下し、それを強い意志で実行する訓練を重ねていかねばならないのです。指導者の指示に盲従すること、他者の行動に同調することでは、本当の意味でのスポーツの鍛錬は成立しません。

言い換えると、真の意味でスポーツの鍛錬を重ねていくなら、自立した心、強い意志で自己決定できる心が鍛えられ、安易に斉一性の圧力に屈しない力が養われていくはずなのです。

このように、「個々が自立して考え、判断し、決断できることが肝要」とする視点に対しては、「そんなことを許せば、皆が自分勝手をして集団の収拾がつかなくなる」という反論がつきものです。しかし、一人ひとりが勝手気ままに行動して収拾がつかなくなり困るのは、プレーする選手自身です。まとまりもコンビネーションも度外視したチームスポーツなど、プレーしていてまったく面白くありません。スポーツは仲間と協力し合ってこそ楽しいのです。あうんの呼吸、絶妙な連携で好プレーが成立したときの快感を否定する選手はいないはずです。

子どもたちがスポーツをする理由の第一は、「楽しいから」です。チームスポーツは、皆がまとまり、コンビネーションを磨いたほうが絶対に楽しくプレーできるのです。「楽しさを最大に味わうためにはどうしたらいいのか」を自ら考えられる子どもなら、出すべきものは出し、抑えるべきものは抑える、という判断が自ずと下せるようになるでしょう。プレーを通して自立した行動力を培っていけば、自ずと建設的な自己コントロールの力が譲成されていくのです。

指導者が強権を振るい、あらゆることに関して有無を言わさず強要するという環境では、指導者の「睨み」が利いているか否かが子どもの判断基準になるだけです。そうした集団では、強権者の睨みや縛りが解かれ、各自の自由になったとたんに無秩序、無軌道の行為が現れやすいのです。

自分が何をすべきかに関して、自立して判断する力は養えません。自立した判断ができない、自己コントロールの力が乏しい、そんな人間であれば、いじめ集団に加わることに何の疑問ももたず、安易に「皆がしていること」を繰り返すことでしょう。

## 勝利至上主義だから悪質な下方比較に走る

私の指導する子どもたちが通う小学校で、以前、こんなことがあったそうです。休み時間に子どもたちがゴール前でサッカーをしていると、その地域では「強い」とされているチームの子どもたちがやってきて、「おまえらは弱いチームのメンバーだからどけ」と言って無理矢理に立ち退かせ、自分たちで場所を独占したのだそうです。

そのチームは代表者自身が、指導者会議で「勝ちにこだわる」と明言しているほど勝利至上主義を打ち出していて、実際にチームの勝率はかなり高いところを維持しています。そうした環境で指導を受けているからこそ、子どもたちも「スポーツは勝ちにこそ最大の意義がある」と信じ、強いことがすべてであり、弱い者は排除されて当然という感覚が染みついているのでしょう。

こうした「勝者になってこそ」という考え方は、一部の親たちにも支持されています。曰く、

「所詮、世の中は競争。受験はもちろん、社会に出てからも出世競争が待ち受けている。勝者のみが豊かな生活を手に入れることができるのが現実。だから、スポーツでもたくましく勝ち抜ける力を養わねばならない」

そんな親たちは、「チームが勝つためには下手な子は邪魔」と考えることもあります。「うまい子だけを選抜して勝負していきたい」と望みます。「おまえらは弱いチームのメンバーだからどけ」と言った子どもたちも、きっとそんな親に育てられ、勝利至上主義のチームを選んだのでしょう。

こうした考え方に染まった子どもたちの行く末を想像すると、恐ろしくなります。強者が弱者を排除して当然という感覚は、動きが緩慢な高齢者や障害者は社会の効率を低下させる邪魔な存在、という思想を生むかもしれません。結果がすべてという観点は、人づきあいも自分の益になるか否かで計算するような行動につながるかもしれません。経済的利益につながらないもの、生産性のないものは無意味と切り捨てる観点を強めるかもしれません。

結果を残すための合理性ばかりを追求する精神は、弱い仲間を思いやる心よりも、選ばれし者だけで高みを目指すことを最優先し、足手まといの弱者を切り捨てていく論理につながる恐れがあります。ミス、敗戦に関わるプレーをした仲間に非難や恨みをぶつける心理が生まれやすくなります。そこから、できる者とできない者を二分する視点が生まれていき、できない者や弱者を排除する心理がつくり出される恐れがあるのです。

勝利至上主義、結果第一主義に染まっている集団の構成者がもっとも恐れるのは、自分が「弱者の側」に回ることです。「弱者の側」がどれだけつらい目に遭うかを熟知していますから、常に自分が「勝者の側」にいないと安心できません。しかし、誰しも永遠に勝者、強者の側にはいられません。どこかで相対的に自分が敗者、弱者の側に回ることを余儀なくされます。

そのとき、常に勝つ側で奢り続けていた心理を安定させるために、下方比較という心理が働きます。自分よりマイナスの要素をもつ他者を見つけ出し、「あの人よりはまし」と自分に言い聞かせるのです。

下方比較によってささやかな心の安定を取り戻す程度であればいいのですが、それはときとしてより過激な形に発展します。自分よりマイナスの要素をもつ他者に対して、相対的に強者である自分の力を誇示し、自分が強者であることを確認して自分の心理を安定させようとするのです。それが弱者へのいじめにつながります。

かつて、サッカーのときは目立たずほとんど私語もしないようなおとなしい子が、大人の目の届かないところで少し障害のある子をいじめていたことがありました。

まさかあの子がそんな陰湿ないじめをするとはと、サッカーのコーチ陣は皆ひどく驚きました。親が受験に熱心で、テストの点数で席順が毎日変わる塾に通わされ、最前列に座ることを強く望まれていたようです。最初は席順が上位で親の機嫌も良く問題を起こすことはなかったようですが、受験期が迫って成績が思うように伸びなくなってから、他者へのいじめが始まったようです。

彼は、塾の成績に関して以前は十分にあった「勝者」の感覚をなかなか味わえなくなったために、他者をいじめることで優越感を確保していたようでした。いじめることで、相手に「困った」「参った」「降参」という態度をとらせ、自分がその子より上位の立場にあるということを確認し、心理的安全性をえたかったのです。

スポーツでは勝敗、強弱の二分法で考える視点が強調され、勝者や強者に過大な評価を集中させがちです。スポーツは勝敗を争う行為ですので、そのこと自体は必然なのですが、子どもたちの成長・発達のためにスポーツを活用するとき、その視点はときとして敗者や弱者に不適切な対応をする心理、行為を形成しやすいという負の側面をしっかり認識しておかねばなりません。そして、スポーツの勝敗や強弱は、決して人格的な比較につながるものではないということを徹底しなければなりません。

勝利至上主義の大人に囲まれている子どもたちが強弱の基準で遊び場の独占を強行するように、また、受験戦争でヒートアップする親の子が弱者への陰湿ないじめをするように、子どもの心理や価値観は周囲の大人から大きく影響を受けます。

弱者を排除する心理、弱者をいじめて優越感をもつ心理は、まず周囲の大人の日常的な言動のなかにあるのです。言い換えれば、それは周囲の大人の言動によって、いかようにも抑制できるはずです。

スポーツでは日常的に勝敗や強弱が明確化されます。目前の勝敗や強弱はあくまでも相対的なものであり、勝者、強者はいずれ必ず敗者、弱者であるときを迎えます。だからこそ、一時的な結果で勝者や強者が奢り、敗者や弱者を蔑むという行為が恥ずべきものであるということを、周囲の大人は徹底して強調しなければなりません。

同様に、勝敗や強弱にかかわらず、同じスポーツを愛好するもの同士が互いをリスペクトするという姿勢を育てていかねばなりません。

試合が成立するには相手が必要です。勝利の歓喜には、対戦相手の存在が欠かせないのです。また、勝利は優秀なレギュラーのみの功績ではなく、練習相手になってくれる仲間、紅白戦の相手をしてくれる仲間あってこそのもの、という視点も忘れてはいけません。いま、その立場にいる自分の背後には、さまざまな仲間たちの支えがあるという視点をもつことが必要です。

スポーツをする子どもの周囲の大人が勝利至上主義を厳しく戒め、盛者必衰の心理を説き、敗者や弱者への配慮を教え、関係者への感謝を学ばせることで、いじめに向かう心理は抑制されるはずです。

## 不全感と他者コントロール

社会学者の内藤朝雄・明治大学准教授は、『いじめの構造―なぜ人が怪物になるのか』（講談社）なかで、少年期、とくに中学生のいじめに関して、不全感、全能感、群生秩序という概念を示しています。

不全感とは、具体的な因果関係が認識されるものではなく、自分の存在や自分の周囲の事象すべてに漠然と感じる不安感で、そうした感覚を示す言葉が「ムカつく」だといいます。暴力的ないじめは、対象に対してムカつく感情が生じることが誘因になります。

内藤准教授は、少年たちはムカつく他者に暴力的ないじめをすることで、不全感が解消され、不安だったすべてのことが救済されるかのような全能感を得るとします。そして、この全能感は単独行動では得られず、集団内の群生秩序、すなわち限られた集団内のみで育成される特有の価値観に共鳴することとよってのみ得られるとされます。その共鳴は、ムカつく事象に関して集団内で常に語り合い、ムカつく対象に暴力を振るったことを誇示し合い、その成果を称え合うことで形成される「お祭り的」な「ノリ」だといいます。その集団内の「ノリ」にかなうようないじめ行為をすることで、悪しき付和雷同が増長され全能感が得られるのだといいます。

さて、思春期にどうにも表現のしようがない不安感にさいなまれる経験は誰にもあることです。いじめに走る少年たちが集団を形成し、独自の価値観で一体感を形成し興奮するのは、そうした不安定な心理が「自分のよりどころ」を求めているからです。

もう子どもではないが、まだ大人でもない。そんな中途半端な自分がいま、何に向かって生きているのか、何をすればいいのか、どう振る舞ったらいいのか、そんな漠然とした不安感が渦巻くなか、勉強の科目は増え、内容は高度になり、校則や生活指導などの縛りは増し、何かにつけて否定されること、制限されることばかり増えていく。何もかもが消化不良に思える毎日のなかで、弱者をいじめて自分の支配下に置くことが、自分の力が確実に影響力をもつと実感できる事象なのです。

自分の暴力の威力を仲間と確認し合うことで歪んだ快感は増幅され、いじめが遂行された達成感で興奮が共有されます。そこに見出せるのは、極めて希薄な「個」です。もともと心理が不安定になる思春期に、信じること、目指せるものが見当たらず、右往左往している未熟な心です。

裏を返せば、彼らに自分自身の存在を実感できるような場所と機会があれば、また、心身のエネルギーを注いだ結果を仲間と実感でき、かつ周囲から一定の評価を得られるような場所と機会があれば、すなわち、漠然とした「みんな」の一人としてではなく、確固たる「自分」が示せる場所と機会があれば、安易にいじめというネガティブな世界に逃げ込むことはないはずなのです。

スポーツは、確固たる「自分」が示せる場所と機会を与える活動です。何度も繰り返してきましたが、スポーツのプレーの一つひとつが、プレイヤー自身の自立性に基づいて思考、判断、決断された結果としての行為です。絵画を描き、音楽を奏で、文章で記述するのと同じように、自らのなかに生じた概念を具現化するのがスポーツのプレーなのです。毎日、プレーという形で自己表現の場を与えられているならば、自分の存在意義を確認するために他者をいじめたりする必要はなくなります。

とはいえ、みんながスポーツをすればいじめはなくなる、などという非現実的な楽観論を展開するつもりはありません。事実、中学、高校、大学の運動部で下級生に対する暴力的ないじめはいつまでたっても根絶されず、それが発覚して出場停止処分を受ける学校が後を絶ちません。いまだに時代錯誤的な長幼の序を強制する運動部の活動のほうが、むしろ日常的な学校生活よりも暴力的ないじめは多いかもしれません。

暴力的ないじめが起こった運動部の活動は、封建的な秩序のなかで指導者が強権を振るい、部員の自由な発言や行動が抑制されていることが多く、記録や結果がすべてという価値観のなかでレギュラーとそれ以外が厳然と区分されていることがほとんどです。そんな環境で、たとえレギュラーでも自分の思うようにはプレーさせてもらえず、言動も強く抑制されることばかり、試合に出られない者は有能感も達成感も一切、感じることはなく、何のために毎日を過ごしているのかわからなくなる、という日々を過ごしていれば、自分の存在と価値を実感するための「何か」に飢えてしまうようになっても当然でしょう。

日本のスポーツ界では長幼の序が厳守されることが多いので、年長者が年少者に対するいじめを容易に実行しやすくなっています。本来、スポーツのプレーを通じて発現されるべき一人ひとりの「個」に秘められている発想、創意工夫、独創、熟慮、決断のために使われるエネルギーが、行き場を失って、いかに相手を辱め、苦しめるか、という方向に使われているのです。

スポーツには、いじめを生む歪んだ心理の対極にある心理的自立を促す要素が数多く散りばめられています。しかしその一方で、日本のスポーツ環境には、いじめを増長しかねないネガティブな要素がいまだに数多く残されているということを、しっかり認識しておく必要があるでしょう。

スポーツは独裁的な指導者の名誉欲を満足させるためのものではなく、親の虚栄心を満足させるものでもなく、チーム、学校、自治体、国のために行うものでもありません。

スポーツはまず、一人ひとりがプレーそのものを楽しむものです。そして、その楽しみは初歩的な感情発散的なものから始まり、やがて科学的、分析的視点を含んだ知的興奮をともなう内容に深まっていくものです。動いても楽しく、考えても楽しいというのが、本来のスポーツの姿です。

このスポーツの原点を忘れない環境設定をしていけば、プレイヤー一人ひとりのエネルギーは創造性、独創性というポジティブな形で発現されていくでしょう。

工夫し、生み出していくことの楽しさ、失敗を検証し、より良い形に修正していく楽しさ、自分の考えや判断が技術、コンビネーションとして昇華していくことが実感できる醍醐味を味わうことができれば、いじめで人を貶めることに関心が向く暇はなくなるのです。

第8章

# SNSの影響力とスポーツ

## 「新村社会」の監視とスポーツ

総務省の「平成29年版 情報通信白書」によると、LINE、Facebook、Twitter、mixi、Mobage、GREEの六つのSNSに関して、六つのいずれかを利用している人の割合は2016年では71・2％でした。年代別で見ると、六ついずれかを利用している割合は10代で81・4％、20代が97・7％で、10代、20代ではほとんどの人が六ついずれかのSNSに関わっています。なかでもLINEの利用率がもっとも高く、10代の79・3％、20代の96・3％がLINEユーザーになっています。

SNSが広まったことで、情報の取得が容易になり、人と人との新たな結びつきが生まれ、個人の意思が発信しやすくなりました。その一方で、匿名の発信者による過激な表現、誹謗中傷などが不特定多数の他者に向けて発信されるようになり、SNSがいじめや事件の誘因になるという問題も発生するようになりました。

いま、さまざまな形で、SNSの影響と思われる行動が青少年の人間関係のなかに現れるようになっています。スポーツの領域でも、その影響と向き合わねばならない時代になっています。

SNSでは、LINEを筆頭に利用者がグループをつくって情報を共有する形式が主流です。家族、学校関係、部活動関係、塾関係、趣味関係、同窓会関係など、10~20代ではSNSを介して関わるグループの数が一人平均6~7あるとのことです。SNSを介して、一人がいろいろな切り口から多様な人間関係に関わっていますが、その関係には、面と向かって承認し合い親密になる関係もあれば、グループを組む仲間の紹介で知り合う間接的な関係もあります。互いに面識がなくても「知り合いの知り合い」という形で一つのグループに属することもあります。

関係性の濃淡は多様ですが、現在の青少年はSNSを通じて広く他者とつながりをもっており、その数の多さが自慢になるという潮流もあります。そうした多様なSNSの人間関係が絡み合うなかで、SNSのメッセージに対する反応の仕方が、所属するグループやそのなかの人間関係に対する忠誠や誠意を示すとする視点が広まっています。すなわち、誰かが何かを発信したときに、いち早くそのメッセージを読んで反応したかどうかということが、あたかも互いの親密さを試す「踏み絵」のように認識されているのです。

メッセージをすぐに読んだ形跡がない、返信が遅い、それはすなわちグループに対する帰属意識や友だち感情の乏しい「ウザい人」という評価につながります。そのため、四六時中SNSに何らかの受信や反応がないかをチェックし、機敏な返信をすることで、自分がグループから爪弾きにされないための予防をしなければなりません。トイレに行くにもお風呂に入るにも、四六時中スマホが手放せないというケースもあるようです。SNSを通じて見えない鎖につながれているかのような生活になります。

SNSを介していろいろなグループにつながりをもち、多数の人々と関わるということは、それだけ多くの目に監視されているということでもあります。自分が気づかない間に、SNSでつながりのある誰かに見られていて、「○○君が渋谷を歩いていた」などと写真や動画付きで発信されてしまう場合もあります。また、友人の誘いを「今日は親と出かけるから」と差し障りのない理由をつけて断りを入れたのに、実際は別の友人と会っていたことが第三者のSNSを通じて露呈することもあります。

さらに、SNS上で誰かがネガティブな指摘を受けると、それに憶測や個人的感情が加わって次々に拡散されたりもします。やがて、それは前後の状況が割愛され、キャッチーな一部の文言だけが一人歩きするようになり、次々に脚色されて過激な物語に仕立て上げられ、社会正義を振りかざした独善的な主張が投げつけられるネットリンチとでも言うべき現象につながることもあるのです。

第8章

# SNSの影響力とスポーツ

現在の青少年はSNSを介して、返信の早さなどで親しさの度合いを値踏みされ、広いネットワークのなかで行動の子細を監視、批評されてしまいます。そのため、彼らは自分が仲間に嫌われ、いじめの標的にならないように、また、グループから脱落しないように、防衛策を取らざるをえなくなります。それはすなわち、自分以外のグループ構成員が期待していることは何かをいち早く察知し、それにかなう行動をとることです。仲間の価値観からはみ出さない、ウザいと言われない行動をとることです。

このように、青少年がSNSを介して互いの行動を監視し、一定の価値観によって暗黙の縛りを科し、仲間うちからはみ出すことを牽制し合って生きる様子を、マーケティングアナリストの原田曜平氏は『近頃の若者はなぜダメなのか　携帯世代と「新村社会」』（光文社）のなかで、「新村社会」と名付けています。厳格な相互監視で農村共同体の秩序を維持していた前近代的な村社会のシステムが、SNSによって現代の若者の間に復活しているとする視点です。

第5章でもふれましたが、文部科学省は小学校学習指導要領の「道徳」の冒頭で、「自己の生き方を考え、主体的な判断の下に行動し、自立した人間として他者と共によりよく生きるための基盤となる道徳性を養うことを目標とする」としています。このように、国は主体的に判断して動き、自立した人間として他者と関わる生き方を求めているのに、現実にはＳＮＳの影響で他者の目を意識し、他者の評価を恐れ、他者に同調することに多大なエネルギーを費やす他人志向的行動をとる青少年が増加し続けているのです。

もし、スポーツの世界にも新村社会の規範が持ち込まれたらどうなるでしょう。自分がどのようにプレーするかが自分自身の判断ではなく、「集団の中心になる人たちの考え」あるいは「周囲の目」を基準にしたものになり、自分が「調和を崩した張本人」という烙印を押されないために、常に平均値を維持する「無難」なプレーを選択する、ということになります。その結果、プレイヤーの誰もが、これといった欠点の見当たらない、何となく優等生的なプレーでまとまるようになるでしょう。

実は、こうした傾向は現在、サッカーで顕著になっていると感じます。パスはよくつながるのだけれど無難なパスばかりで、相手にカットされるリスクを含んだ「勝負を仕掛けるパス」は誰も出そうとしない、という傾向が見られます。伸るか反るかの「勝負のプレー」に積極的に関われば、ミスをするリスクに関わる率も高くなります。ミスをすれば、自分が皆でパスをつないできた「調和」を崩す張本人になってしまう。その危険を冒すよりは、とりあえず無難なパスをつないでおくことで「ミスをしなかった側」の一人になるほうがいい、ということなのでしょう。

そんな様子を見ていると、私はサッカーをする醍醐味などないに等しいと感じますし、そもそもスポーツをしている意味がない、とも思えてきます。何が楽しくてサッカーをしているのか、何が楽しくてスポーツで勝負を競い合っているのか、理解に苦しむわけです。

何度も繰り返してきたように、もともと日本のスポーツ界には上意下達、個人の意思の抑制、という全体主義的規範が色濃く、自立した個が育ちにくい環境があります。SNSのもたらす新村社会は、こうしたスポーツ界の悪しき伝統を新しい形で継続させてしまう恐れがあります。だからこそ、これから先、子どもたちのスポーツへの関わり方は、以前にも増して自主、自立という概念が重要な意味をもっていると言えるのではないでしょうか。

SNSの影響が避けられない時代に育つ子どもたちにとって、スポーツは新村社会の縛りにとらわれない自立した視点と行動力を獲得していく場になる必要があります。子どもたち一人ひとりがしっかり自分の頭で考え、判断の結果を自由に発していく場を、スポーツは確保していかねばなりません。「スポーツする子は聞きわけが良く、指示に従順だ」と評価されるよりも、「スポーツする子はみんな、自分の意見をしっかりもっている」と評価されるような環境をつくっていかねばならないのです。

## 「いいね」を求める心理とスポーツ

TwitterやInstagramには「フォロワー」という自分の投稿に対する閲覧者が記録され、ユーザーにとってはその数の多さが一種のステイタスにもなっています。また、投稿したコメントの趣旨に賛同したり、投稿内容を評価したりすることを示す「いいね」が記録される機能があり、その数の多さも一種のステイタスになっています。

Instagramで「いいね」を獲得するために、美しい写真、楽しそうな写真、可愛い写真など、いわゆる「インスタ映え」する写真を競うように撮るという行為が2017年に社会現象となりました。少しでも他者の目を引く写真を撮るために、奇をてらった服装をしたり、話題のお店で食事をしたりスイーツを食べたり、といった行動が増えました。その一方で、写真を撮ってSNSにアップさえできれば、食べずに捨てたり、平気で食べ残したりするといった本末転倒の行為さえも確認されるようになりました。

このように、SNS上で「いいね」を獲得するために多大な労力を費やすのは、承認欲求を満たすためです。人は誰でも他者から認められたいという欲求があります。小さな子どもは、何かにつけて自分のすることを「見て、見て」と周囲にアピールします。大人に「すごいね」とか「えらいね」などと言われることで、子どもは自分の存在や行動が周囲に認知されていることを確認し、心理を安定させます。この承認欲求という心理は、成長の後も形を変えて継続するのです。

スポーツ、芸術、学業などで業績を残すことは、自動的に承認欲求を満たします。しかし、誰もが常に広く社会から承認を受けるわけではなく、大多数の人は平凡な日常を送っています。その平凡な日常のなかで、私たちの承認欲求を満たしてくれるものの一つが、身近にいて信じ合える人、認め合える人の存在です。損得勘定からではなく、義理や義務のためでもなく、自分を全面的に受け入れてくれる相手との交流こそが、自分という存在の承認欲求を一定量、満たしてくれるものなのです。

ですが、現代の青少年の人間関係は年々、希薄なものになっています。一応、友だちとは仲良くしてはいるけれど、自分が相手にどのように受け入れられているのか、本当のところはわからない。深入りしすぎてぶつかり合ったり、こじれたりすることが面倒なので、差し障りないところで薄く関係を保っている。そんな表層的な友だちづきあいが多くなっています。

親しい友人や仲間の間で、親にも言えない相談ができたり、本音をぶつけ合ったりする、いわゆる肝胆相照らす関係が築けていれば、自分が他者に一定レベルで「受け入れられている」という実感がもてるでしょう。しかし、現在ではそうした関係が乏しく、心の奥まで立ち入るような深い関係が築けなくなっています。

いまの青少年は、ＳＮＳを通じた単純な「知り合い」の数なら、親世代とは比べものにならないほどの多くのネットワークをもっています。しかしそれは、先ほど指摘したように、何かあれば一瞬で敵に回ることもある、危うい関係です。気に入らないことがあれば、ＳＮＳの関係を完全に拒絶する「ブロック」と呼ばれる措置もあります。「胸襟を開いて」「腹を割って」と表現されるような、息づかいや表情、肌のぬくもりが感じられるような、リアルな人間関係が極めて貧弱という現実があるのです。

心から信頼できる関係が築けていない場合、対面する相手から自分が承認されているという実感をもつことは難しいでしょう。そうした空虚な人間関係のなかで、くすぶっている承認欲求を満たしてくれるものの一つが、ネットでつながっている不特定多数からの「いいね」なのです。「いいね」の数は、あたかも社会全体からの評価ポイントのように受け止められます。広く社会から認知されたという幻想のなかで、「かりそめ」の承認感を得るわけです。

このように、SNSの「いいね」の数に救いを求めるような空虚な人間関係とは真逆の力学が働くのがスポーツの世界です。スポーツは、自分自身の心身を駆使して技術、戦術、体力という形で努力の成果を試す行為です。その努力の成果を実感するためには、対戦相手が必要です。スポーツでは何よりもまず、対戦相手同士が互いの立場を承認し合わねばなりません。自分がスポーツを満喫するために対戦相手になってくれたこと、そのこと自体に感謝の念が必要です。

チームスポーツの場合は、参加するプレイヤーのすべてがチームメイトを信頼し、それぞれが自分の持ち味を存分に出し合い、全員で弱い部分、足りない部分を補い合って勝利を目指すという意識がなければ、十分な戦力が発揮できません。エースの得点のお膳立てをほかのプレイヤーが組み立てることも、誰かのミスを別のプレイヤーが必死にカバーして失点を防ぐことも、互いの存在を十分に承認し合っているからこそできることです。

対戦相手やチームメイトの存在のみならず、スポーツは、大会を企画する人、会場を確保する人、運営を進める人、審判、指導者、応援する保護者などなど、多様な人たちの尽力の集積として存在します。子ども自身が大好きなスポーツに思い切り打ち込める背景には、多様な人々の存在があるということを理解させる必要があります。

他者を承認し、自分もチームメイトあるいは他者から承認されるという概念を、サッカーでは「リスペクト」(尊敬、尊重)という言葉でまとめています。自分が存分にプレーを楽しめる裏には、さまざまな人の関わり合い、支え合いがあり、その人たちに思いをいたし、リスペクトする気持ちを忘れてはいけないということです。

スポーツで互いにリスペクトし合うという精神を忘れずにおけば、プレイヤーは互いの存在意義を常に認証し合うことになり、SNSで必死に「いいね」を求める必要もなくなるはずです。

## SNS世代の話し合い下手とスポーツ

私が指導する、大学生と若い社会人を主体としたサッカーチームでユニフォームを新調することになりました。どんなユニフォームにするかについては、選手たちに委ねたところ、各自が自分の好みのブランドに対するこだわりを積極的に示してきました。A社、B社、C社、それぞれ若者が好みそうなスマートなデザインのユニフォームを販売しており、甲乙つけがたい様子です。

各選手とも、好みのブランドとデザインを探し出してきて仲間に公表するまでは熱心なのですが、持ち寄った資料のなかからどれに決めるかという段になると、誰もあまり強く自己主張しません。「オレはこれがいいと思うんだけど、べつにそっちでもいいし」といった感じで、なかなか決まらないのです。決定が先送り、先送りになって、結局「すみません、まとまらないんで永井さんが決めてください」ということになりました。

このように、話し合いのまとめがなかなかうまくいかないという現象が、ここ最近、青少年の間で目立っているようです。企業の採用内定者研修などでグループディスカッションを行っても、結局、結論が出せないまま時間切れになるというケースが多くなっているといいます。彼らは決して話し合いへの参加意欲が低いわけではなく、発言者に対して真面目に耳を傾ける姿勢を示します。

「うんうん、なるほど」と同意することも多く、「それもわかる」「これも悪くない」と発言者に理解を示します。しかし、終始そうした無難な立場を貫くばかりで、「だから自分はどうだ」という立場はなかなか積極的に示さないのです。「では、こうしよう」と進んで結論に向かう道筋をつくり出そうとする者も出てきません。

こうした若者たちの姿勢には、SNS上で「いいね」を押し合っている日常の影響があるとされています。

SNS上に誰かが自分の意見や写真をアップする。それに対して軽い気持ちで「いいね」を送る。それは一見、相互コミュニケーションであるかのように見えても、実質的には「投げ捨て」に近い一方的なコミュニケーションであり、SNSに何かをアップする人とそれに「いいね」を押す人は、コミュニケーションが取れているように見えても、実際はそれぞれが自分の意思を勝手に投げ合っているだけ、と言われています。たしかに、各自が「いいね」に相当するような差し障りない意見を脈絡なく出し合うのであれば、話し合いは結論に向かって収束することは難しいでしょう。

現代の青少年が「全体の道筋を見通したなかでの意見の交換」という話し合いの本質から外れがちな理由の一つが、本当にSNSの「いいね」を送り合う行為にあるのかは現時点ではわかりません。

しかし、自分の関心があることだけに気が向いたときに気軽に賛同するという日常を繰り返していくと、一定時間内に多様な異論のなかから最大公約数を見出していくという作業が苦手になる可能性は十分に考えられます。

さて、このように話し合いの「まとめ」が下手なこともさることながら、私が強く懸念するのは、ユニフォームの決定を私が求められたように、自分たちでは結論が導き出せないために、最後に第三者の「鶴の一声」に救いを求めようとする傾向があることです。自分の意見や立場は表出するものの、他者のそれとすり合わせをして結論に向けてアレンジすることは苦手。だから、結論の出ない話し合いを続けるよりも、超越的な立場の人間に決断してもらい、それにおとなしく従うことのほうが楽とする心理が、青少年の間に広まっているように思えるのです。

それは、スポーツにとって実に忌むべきことです。スポーツを楽しむことは、話し合いを進めていくことと似ています。いま、議題とされていることは何かを理解し、自分の立場で何をどう発言すればいいかを認識し、異論、反論とどのように折り合いをつけていくかを模索する。そのなかから、議題の趣旨にもっとも合致した結論をまとめていく。この流れは、まさにスポーツで勝利のために互いの意思を確認しながら試行錯誤し、最良のプレーを模索していく行為と同じなのです。

話し合いで無難な賛同しかせず、傍観者的な立場に終始し、結論は他者に委ねるという姿勢は、スポーツで自らの主体性を放棄し、指導者の強権に従属してプレーすることに似ています。話し合いをまとめることが苦手な青少年、結論を安易に第三者に委ねる青少年が増えるということは、彼らの主体性や自己決定力が低下することを意味し、それはすなわちスポーツを楽しむ力を衰弱させることになるのです。

話し合いのまとめが下手な青少年、結論を他者に委ねる傾向のある青少年こそ、スポーツのプレーのなかで瞬間、瞬間に自己判断を下す経験が必要です。そして、その判断が必ずしも想定どおりに進まない現実のなかで、勝利という目的のためにいま、ここで行うべき最良のことは何かを求める試行錯誤を繰り返すことで、思考力、判断力、決断力を伸ばし、主体性を育んでいく必要があります。

ＳＮＳで「いいね」のやりとりが日常になっている世代ほど、スポーツのなかでリアルな意思の交流を体感し、置かれた状況と他者の意思を認識しながら目的に沿った決断をしていく体験をしてほしいものです。

## スマホ世代のコミュニケーション能力

近年、若者の恋愛観が変化しているそうです。景気の低迷、賃金の停滞、年金、保育園不足といった社会保障の不安などから、そもそも結婚に夢を抱けないという背景があります。スマホによるＳＮＳのネットワーク拡散がつきまとうため、軽はずみに告白もできず、デートもいついかなる形で他者に撮影されてしまうかわからない。一度、親密になってツーショット写真などを残せば、別れた後に悪意ある拡散に使われる恐れがある。そうしたリスクを背負ってまで、特定の人と親密な関係を築く努力をする熱意がもてない、ということのようです。

一方で、特定の人との親密な関係をわざわざつくらなくても、スマホやネットで大抵の欲求が処理できることも、恋愛離れの大きな理由と言われています。

SNSで常に多様な知人とつながり、薄く広いコミュニケーションは取れています。ネット上では見ず知らずの人が自由に悩み相談に答え、自分の体験談（真偽は不明ですが）を披露しています。ゲーム形式で疑似恋愛体験をすることもできます。大抵の感情はスマホで処理が可能なので、あえて努力してリアルな人間関係をつくらなくてもすむということです。

生身の人間関係は臨機応変の対応が必要で、心理的に負担が「重い」。だから負担にならない関係、自分がその気になったときだけ気楽に関われる関係だけを選び、いやになったらＬＩＮＥのブロック機能のようにさっさと遮断してしまえばいい。こうしたＳＮＳ的感覚で見ていけば、いろいろと面倒なプロセスを経ながら互いの理解を深めねばならない恋愛など、もっとも面倒で費用対効果の低い行為になるのでしょう。

恋愛に象徴されるような、面と向かって心の機微をやり取りするような人づきあいが避けられ、安直に「心地よい」と感じる関係だけを選択していくようになると、語気、息づかい、表情、しぐさといった肌感覚の「生身の反応」をとらえる臨機応変のコミュニケーション能力が低下していきます。自分の主張はできるものの、相手の反応を見聞きした後に、さらにどう返していくかという能力の引き出しの蓄えが乏しくなるのです。

その結果、何か主張のぶつかり合いがあると、「なら、いいよ」とあっさり議論を避けて安易に同調してしまうか、あるいは自分の言い分を一つも曲げずに頑固に発し続けて引かないかの、両極端の人間をつくっていく恐れがあります。

チームスポーツは、強く自己主張することと、他者と上手に妥協点を探すこととのバランスで成り立っています。選手は、自分はこうしたいということを明確に示さねばならないと同時に、チームメイトの同様の主張を受け止め、勝利に対してもっとも合理的な妥協点を見つけ出さねばなりません。

「自分はこうしたい」という主張は、選手のプレーの個性によって違ってきますし、それぞれの選手の主張をどこまで活かすかは、チーム全体の戦術によっても規制を受けます。

また、前もって決めていたチームとしての約束事が、相手の予想外の出方によって試合中に変更を余儀なくされることもあります。ある大きな役割を担った選手が試合中に負傷してしまい、別の特徴をもった選手を投入せざるをえない場合は、事前の取り決めのなかの何を切り捨て、何を残すかを臨機応変に決めていかねばなりません。

このようにスポーツでは、事前の密接なコミュニケーションだけでなく、その時、その場所で決断しなければならない臨機応変なコミュニケーション能力も求められるのです。言い換えると、プレイヤーが状況に応じた適切なコミュニケーションが取れなければ、プレーは覚えたことを機械的に反復するだけの硬直した行為になり、それはスポーツ本来の楽しみを含む「プレー」とは呼べず、動物の「調教」に近いものとなるでしょう。

スポーツを楽しむためには、気に入ったことだけを選択し、自分の心が傷つかない範囲のことのみ実行するなどと言っているようでは、まったく話にならないのです。

ところで、私の指導する成人サッカーチームに入団希望の大学生や社会人が、問い合わせの連絡をくれた際、以下のようなメールのやり取りをすることがあります。

「すみません、入団希望なんですけど」

「お問い合わせありがとうございます。当方は小学生、中学生、学生・社会人のトップチームがありますが、どのカテゴリーでしょうか」

「トップチームですけど」

「了解しました。お名前など、簡単なプロフィールを教えてください」

「……（名前）です」

「……さんですね。年齢など、もう少しくわしい情報をください」

「20（歳）です」

「年齢は了解しました。簡単なサッカー歴、学生の場合は出身校と現在の学校名、社会人の場合は職種を教えてください」

「……（リクエストしたことが列記される）」


お気づきの方もいるかもしれませんが、私はわざとこのような問いかけをして相手の反応を見ます。本来なら、最初から「～と、～と、～を教えてください」と必要な質問事項を列記すればいいのですが、そうせずに、相手がどのように自己紹介をしてくるかを見て、コミュニケーション能力の一端を推し量っているのです。

問われればそのピンポイントの質問事項には答えるものの、それ以外はいちいち聞かないと答えない、そんな対応力の選手が入団後、大きな戦力になったためしはありません。

「突然のメールで失礼します。私は○○と申します。○○出身で、現在○○でプレーしていますが、そちらにお世話になりたいと思い、連絡差し上げました。ポジションは……」というように、意思の表明と自己紹介が的確にできる選手は、大抵、入団後もすぐに既存の選手とすぐに打ち解け、それなりの戦力になります。

また、そのような選手は「○月○日は試験のため（あるいは出社のため）、試合に参加できません。あらかじめお知らせしておきます」、あるいは「今日の練習は授業のため（あるいは残業のため）遅れての参加になります。○時ごろには到着します」などチーム管理、スケジュール確認に必要な情報を適切なタイミングで的確に伝達してきます。

アマチュアレベルの話ではありますが、SNSコミュニケーション全盛の昨今、「パーソナルコミュニケーション能力の高さと競技能力はある程度、正比例する」という私の中での原則は、あまり崩れたことがありません。それは、どんなにIT化が進み、AI全盛時代になっても、スポーツは人と人が集い、協力し、生身でぶつかり合い、競い合うものだからでしょう。

人としての原初的な能力である見る、聞く、感じる、話す、考える、思いやる、省みる、といったものが存分に活用できてこそ、スポーツは心から楽しむことができるはずです。

スマホを通した空虚な人間関係が広がりつつある時代だからこそ、極めてアナログな人間関係が求められるスポーツの存在価値があると言えると思います。

第9章

# 青少年のスポーツ意識

## 絶対的な「自分」が希薄な青少年とスポーツ

内閣府は、１９７２年からほぼ5年ごとに「世界青年意識調査」というものを行ってきました。現在は、「我が国と諸外国の若者の意識に関する調査」という名称に変わっていますが、日本、韓国、アメリカ、ドイツ、フランス、スウェーデンなど世界5～11か国の13～29歳の青少年各１０００人を対象に（対象国、対象年齢とも実施年によって異なる）、青少年たちが自分自身、友人、親、家族、社会などに対してどのような意識を抱いているかが調べられています。

調査結果から、日本の青少年が「自分自身に満足している」と回答している率が他国に比べて著しく低いことがわかりました。また、「自分自身に満足している」という回答と「自分は役に立たないと強く感じる」という回答との間には、負の相関関係があることもわかりました。すなわち日本人の青少年の場合、「自分が役に立っている」と感じている人ほど「自分に満足している」とする割合が高い傾向があるのです。

他国の青少年の回答を見てみると、「自分自身に満足している」と「自分が役に立っている」との間に相関関係はありませんでした。その一方で、自分の「長所」「主張性」「挑戦心」などを確認する項目と「自分自身に満足している」との間には、相関関係がありました。すなわち他国の青少年の場合、自分の長所を発揮できているか、自分の思いをきちんと主張できているか、困難なことに対して挑戦的であったか、といった普遍的な基準に対する達成度によって、自分自身の満足度が測られる傾向があるのです。

日本の青少年が他者の役に立つか否かで自己評価を考えているのに対し、他国ではそれが普遍的な目標に対する達成度で考えられている。この違いは、スポーツにおいて非常に大きな意味をもちます。

ここまで何度か繰り返してきたように、スポーツを楽しむには自立した判断力と決断力が必要です。視点を変えれば、スポーツに身を投じるということは、プレイヤー自身が自立の意識を高め、他者に依存することなく判断、決断する力を身につけていくことなのです。その点から見ていくと、自分自身の満足度を長所の発揮、主張、挑戦などから測っている他国の青少年の心理には、とてもスポーツに馴染みやすい下地があるといえます。

一方、自分の存在意義を「他者の役に立つかどうか」という観点から考える、すなわち他者の評価を気にして行動する傾向が強い日本の青少年には、スポーツに馴染みやすい心理的下地があるとは言えません。つまり日本の青少年は、スポーツ本来の醍醐味を味わうためには、より自立心を高め、他人指向的な傾向を改善していくという意識を強くもつ必要があるということです。

しかし、実際の日本のスポーツ環境にはその意識を育む余地は少なく、それどころか他人指向性がさらに強まってしまう要素が多くはびこっています。

ここまで繰り返し指摘してきましたが、日本のスポーツ環境では挨拶を筆頭に、何でも「皆で揃って一斉に」という形式が望ましいとする意識が常識化されています。「一糸乱れず」ということが、ことのほか尊重されるため、声の大きさや全員の動作が揃っていない挨拶はやり直し、などという滑稽な光景も日常茶飯で見られます。

学校の運動部などでは、挨拶の方法はもちろんのこと、練習中の声の出し方まで画一された方式が決まっていて、それを型どおり遵守することが絶対的な義務になっているケースが多くあります。丸刈りのヘアースタイルが強要されたり、揃いの練習ユニフォームに所定のフォームで名前を書かされたりすることも珍しくなく、発言、行動、服装のすべてで画一化が強要されます。

ミスや不始末が生じたとき、連帯責任として、不始末の当事者だけでなく彼が属する学年やチームなどの集団全員が罰を受けるという前近代的システムもいまだに残っています。不始末はボールなど用具の紛失、管理不行き届きから、無断欠席、遅刻など、日常のルーティン全般が対象になります。物事を個人単位ではなく集団単位で考えるよう徹底するためには、この連帯責任という概念が悪い意味で効率よく機能しているのです。

このように、個を集団に埋没させる装置が何重にも敷かれているなかで、少年たちは次第に自立した個としての行動力を衰退させていきます。その結果、何らかの決断を下すときの基準は「自分はこう思う」ではなく「仲間はどうしているか」になり、集団で行動する際も「叱られないか」「罰せられないか」が判断基準になっていきます。すなわち、可否の判定を下す人間（指導者、教師、先輩など）の顔色を見て行動する習慣がつくのです。

それは一方で、指示や決められたパターンには盲目的に従うという性質を高めます。そうした機械的忠実性は、少年期のスポーツの勝敗争いには有利に働きます。未熟な子どもたちの個人的な判断を極力排除して、無駄のない機械的反復を徹底したほうが勝利への近道になるからです。サッカーや野球を筆頭に、こうした育てられ方をしている傾向が強い日本のスポーツ少年たちは、国際試合でかなり勝率が高いことはよく知られています。

しかし、成長とともに高度な戦術的判断や駆け引き、試合運びの巧みさなどが求められてくるようになると、次第に立場が逆転し、日本の選手は海外勢に勝てなくなります。選手自身の自立した力が大きな意味をもつようになるにしたがって、自分で考え、判断して行動する経験の差が明らかになり、勝ち負けが逆転していくのです。成人し、日本代表レベルになってから「選手自身がもっと自立し、自ら考えて行動しなければ」と言っても、もう遅いのです。

もともと他人指向的な思考をしがちな日本の青少年が、スポーツをすることでその傾向をより強めるようであってはいけません。仲間を見ながら動く、指導者の顔色を見ながら決める、あるいは何でもみんなで揃っていないと不安で動けない、という行動形式は、自分一人では決断できず、間違ったことでも付和雷同して容認してしまう自立心の乏しい人間をつくります。それは、極めて反スポーツ的なことであると認識しなければなりません。

スポーツをしている青少年が「自分自身に満足」を感じるときは、「長所」「主張性」「挑戦心」などが発揮できたときであってほしいものです。私たち大人は、そのための環境を整えていくべきです。

## 「充実している」と言い切れないのはなぜか

引き続き「我が国と諸外国の若者の意識に関する調査」の結果から考えてみます。「どんなときに充実していると感じますか」という問いに対して、日本の青少年が「ボランティア活動など社会のために役立つことをしているとき」と答えた割合（「あてはまる」を選択した）は、7か国のなかで最低（10・2％）でした。アメリカ（54・3％）の5分の1、イギリス（39・4％）の3分の1以下、個人主義の意識が高いとされるフランス（33・9％）よりも低い数値です。

先ほど紹介したように、日本の青少年は「他者の役に立つこと」が自分自身の満足につながると思っているはずなのに、「社会に役立つこと」をしたときに充実していると感じる割合が低いということは、とても矛盾しているように思えます。

これは、日本の青少年の視野が身近な人間関係のなかに限定されがちであることを示唆しています。すなわち、地球、人類、世界、日本といった大きなくくりで見る「社会」を考えるよりも、友人、知人、学校など、身近なグループのなかでの自分を考える傾向が強いのではないでしょうか。手の届く範囲の人間関係のなかから自分の存在意義を探す意識が強いのだと思われます。

日本の場合、本物の「社会」の手前に「社会」とは意識されない身近な人間関係があり、そのなかで仲間はずれにされずに「役に立つ」ことが、普遍的な観念としての「社会」の役に立つことよりも大きな意味をもつのです。身近な人間関係における評価は、自分と他者との関係性のなかで相対的に変化していくものですから、他者から「役に立つ」と評価されるためには、そのときどきの相手の要望によって対応を変えていかねばなりません。これはかなりの精神的ストレスになるはずです。

ところで、この調査のなかで「運動やスポーツに打ち込んでいるときに充実感を感じる」に「あてはまる」と回答したのは日本の青少年では20・0％しかいませんでした。ドイツ（34・6％）、フランス（35・8％）、アメリカ（35・3％）に比べて極めて少なく、これも7か国中最低です。ところが、「どちらかといえばあてはまる」という消極的な肯定の結果で比べると、日本は33・4％で、ドイツ（41・4％）、フランス（36・6％）、韓国（36・4％）、にはおよびませんが、スウェーデン（32・8％）イギリス（31・5％）アメリカ（28・3％）、を上回ります。

日本の青少年は、スポーツに打ち込んでいることに対して消極的には肯定するものの、「充実している」とまでは強く言い切れていません。その原因に関して、私は以下のように推察しています。

日本の青少年は、スポーツをすることは好きだけれども、自分が置かれたスポーツ環境には納得できない制約や拘束が多く、自分の意思がほとんど反映されない、という不満があるのではないでしょうか。たとえば、監督のやり方は好きではないし、理不尽な伝統やしきたりに疑問をもつことも多い。練習で課される非科学的な苦しさは納得できないし、行動や身なりを強制されることも不満だ。しかし、好きなスポーツを思い切りできることには満足している部分もある。だから、「どちらかといえば充実感がある」の回答が多くなるのではないでしょうか。

「どんなときに充実していますか」という問いに関しては、先ほど紹介した「ボランティア活動など社会のために役立つことをしているとき」「運動やスポーツに打ち込んでいるとき」を含め、全部で9項目が設定されています。そのほとんどで、日本の青少年は「あてはまる」と積極的に肯定している率が他国に比べて明らかに低くなっています。しかし、唯一「趣味に打ち込んでいるとき」に関しては積極的肯定が43・4％と高く、トップのアメリカ（52・5％）以下、ほぼ40％台となった他国と大きな差がありませんでした。

この「趣味に打ち込んでいるとき」の充実感の高さを見れば、日本人の青少年のなかには、何か好きなことに積極的に向かっていくエネルギーが十分にあることが確認できます。ですから、その秘めたエネルギーがどのように発現されていくか、ということを見ていかねばなりません。

誰しもスポーツが好きで楽しいから、「打ち込んでいる」という状態にまで達するわけです。スポーツとの向き合い方には本来、趣味に打ち込むときと同じエネルギーが働いているはずです。しかし、打ち込んでいるときに「充実している」と積極的に肯定する人が、趣味では43・4％いるのに対してスポーツでは20・0％になってしまう。その差は何から生まれるのでしょう。

趣味に打ち込んでいるときとスポーツに打ち込んでいるときのもっとも決定的な違いは、他者の介在の形ではないでしょうか。趣味のすべてが完全に単独で完遂するものとは言い切れませんが、総じて一人で熱中するものが多く、他者の介入にはあまり影響されません。

一方で、日本ではスポーツを他者の介入なしで続けることは極めて難しいでしょう。とくに高校生年代までは、運動部という環境のなかで、いわゆる「体育会系」と称されるさまざまな前近代的環境に身を置かねばならないことが一般的です。そこでは個人的思考や行動が制約され、画一的であることが強要されます。

スポーツ界に身を置けば、スポーツそのものを楽しむことだけでなく、監督や先輩、同僚との面倒な人間関係に晒され、「体育会系」独特の価値観に縛られた規範がいやというほど絡みついてきます。

自分の価値を「他者の役に立つか否か」で測り、それを身近な狭い集団のなかで考える傾向のある日本の青少年は、こうした日本独特のスポーツ環境を、煩わしいものと感じているのではないでしょうか。そして、その煩わしさこそが、スポーツそのものは好きだけれど、自分がスポーツをする日常は「充実している」と言い切れない若者の数を増やしている要因の一つになっているのではないでしょうか。

これからの日本のスポーツ界は、スポーツ本来の理想、すなわち自立した判断力と決断力の譲成こそ第一義という視点をもち、そのためにより個人の自由度や発想力を高め、個人の創意工夫を引き出す活動環境をつくっていかなければなりません。自分なりの研究と創意工夫によるトレーニングが技能の上達に直結するような活動を増やしていけば、スポーツに打ち込むことが「充実している」と言い切れる人の数は増えるはずです。そして、そうした日常が繰り返されることで、スポーツをする青少年が自分を評価する基準も、長所の発揮、主張性、挑戦心の有無など、普遍的なものに変化し、自立性も高まっていくことでしょう。

## 勝利至上主義だから結果を見越して消極的に？

「我が国と諸外国の若者の意識に関する調査」では青少年たちの将来のイメージも問われています。「あなたが40歳くらいになったとき、どのようになっていると思いますか」という問いに関して、以下の11項目の回答が用意されました。

・お金持ちになっている
・自由にのんびり暮らしている
・世界で活躍している
・多くの人の役に立っている
・有名になっている
・子供を育てている
・親を大切にしている
・幸せになっている
・結婚している

・出世している
・外国に住んでいる

日本の青少年がこの問いに対して、「そう思う」あるいは「どちらかといえばそう思う」と答えた数は、11項目のすべてで7か国中、最少でした。日本の青少年が他国に比べて、どんな切り口から予測しても自分の将来に明るい希望が描けていないということに驚きます。

なぜ、日本の青少年がそのように自分の将来に悲観的であるのかを考える前に、もう一つ注目しておきたい結果があります。以下の14の項目それぞれに関して、「どれくらい心配ですか」と質問したことに対する回答です。

・勉強のこと
・進学のこと
・就職のこと
・仕事のこと
・家族のこと

・友人や仲間のこと
・異性との交際のこと
・お金のこと
・政治や社会のこと
・性格のこと
・健康のこと
・容姿のこと
・体力のこと
・自分の将来のこと

14項目のうち「政治や社会のこと」以外の13項目のすべてで「心配」あるいは「どちらかといえば心配」と回答した数がもっとも多かったのが韓国、2番目が日本でした。他国に比べて、韓国と日本の青少年は自分の日常生活全般にわたって不安感をもっています。

韓国の厳しい学歴社会についてはよく知られていますから、勉強、進学、就職、仕事で心配が大きいことは理解できます。日本も韓国ほどではないにしても、幼児期、

第9章

# 青少年のスポーツ意識

少年期からの有名校進学の志向は根強く、首都圏では小学6年生の7～8人に1人が中学受験をするというデータもあります。韓国ほどではないにしても日本で勉強、進学、就職の不安が大きいことも理解できます。

また、韓国は儒教社会で人間関係が重視されますから、家族、友人、仲間に関する心配が大きいことも理解できます。日本の場合も、超高齢社会や少子化、年金問題などから家族、お金に関して心配が高まっているでしょう。

しかし、こうした社会的背景に影響されると考えられること以外に、性格、健康、体力などに関しても、韓国と日本の青少年が他国に比べてネガティブな感情をもつのはどうしてでしょう。さまざまな原因が考えられますが、私はその一つとして、何事につけても早々に結果を求められる少年時代の環境の影響があるのではないかと推測しています。少なくとも日本の青少年に関しては、その影響は大きいのではないでしょうか。

私が指導するサッカークラブでも、小学4年生くらいから、早い子では3年生から進学塾に通う子がでてきます。塾では問題が解けた順に帰宅できるとか、成績順に座席が決まるとか、とにかく得点至上主義があからさまで、頻繁に模擬試験が開催され、1点でも成績を上げるようにと追加の特別講習などが次々に提示されます。我が子にわずかな遅れもとらせてなるものかと、親たちは不安を煽る学習産業の営業戦略に乗せられて「1点でも多く」と子どもをせき立てます。

そういう子は一方で、「勉強だけに偏らせてはいけない」という親の発想で、何らかのスポーツ的活動にも加入するケースが多くなります。サッカー、野球、スイミング、体操、空手、剣道……。いずれのスポーツクラブも「心身の健全な成長」を看板に掲げてはいるものの、現実には競技会や試合の成果によって子どもを選別していく指導をしているところが少なくありません。子どもたちは、学習産業からだけではなくスポーツ産業からも、より良い成績を、より多くの勝利を、より良い記録を、と要求されます。

月曜、水曜、金曜は塾、火曜と週末はサッカー、木曜はスイミング、土曜の午前中はピアノ……など、人気芸能人もかくやと思わせるスケジュールの子どもも珍しくありません。そんなハードな習い事漬けのなか、親たちは我が子に「人に遅れをとるな」「競争に負けるな」とせき立てます。子どもたちは、勉強、進学でも、スポーツでも、とにかく敗者になってはいけないという強迫観念に縛られ続けます。

しかし、誰でもが難関中学、難関高校に入学できるわけではなく、また、希望の学校に入学した者のすべてが成功者になるわけではありません。スポーツや音楽、芸術での成功はさらに確率の低いことであり、努力だけではどうしようもない素質の差というものが厳然とあります。

それでも幼児期から競争社会、順位づけ社会のなかで結果を出すことを求められ続けているとやがて、「失敗しない」「敗者にならない」ための選択をするようになります。すなわち、失敗や敗退の確率が一定程度ある困難なことに思い切って挑戦するよりも、着実に成功や勝利を手にできる比較的容易で手堅い道を選ぶようになるのです。大きな望みはもたないけれど、挫折もしない、という選択をすることが増えるのです。

サッカーでも、シュートなど決定機に関係するプレーを避け、無難なパスに終始する青少年プレイヤーが増えていることは前にも紹介しました。

シュートはもっとも勝敗に直結するプレーなので、その成否に直接、関わることは大きな責任をともないます。その重責を背負うことを避けて、「とりあえず自分はミスしていない」というプレーを選択するのです。いわゆる「結果」に自ら深く関わることに対する忌避の心理が示されています。

前述した「あなたが40歳くらいになったときに、どのようになっていると思いますか」という問いに対して肯定的な未来が描けないのは、「大それた夢をもったとしても実現する希望がもてない」と先読みしてあきらめているからでしょう。それは、幼少期からあらゆることに結果を求められ続けてきた結果、難しいことに挑戦して失敗するリスクをとるよりも「手堅く結果を得られること」に逃げ込む傾向が強くなっていることと深く関係していると思われます。心配ごとを調べる項目で、14項目のうち13項目で韓国とともに心配の度合いが高かったのも、何事に関しても常に比較や競争に晒され、目先の結果を求められている環境にあるからでしょう。

さて、スポーツは勝敗を争う行為です。スポーツが行われれば、確実に敗者が生まれます。もし勝利のみに意味があるのなら、敗者となった者はあっという間にスポーツへの関心を失うでしょう。しかし、スポーツは何千年もの間、人間とともにあり、いま現在でも世界のいたるところでスポーツは行われ続けています。

人がスポーツを愛し続けるのは、勝ち負けを超えたところにさまざまな意義を見つけているからでしょう。であれば、青少年にも結果ばかりを求めるのではなく、勝敗を超えたところにある意義を実感させなければなりません。

勝利を目指して全力を尽くすことは大切。しかし、勝利を目指す過程で見つけるもの、あるいは負けて気がつくこと、それらすべてを自立した良き人間となることに役立てていけるかどうかが大切、という視点から育てていかねばなりません。

第9章

青少年のスポーツ意識

青少年がスポーツをすることの意義、すなわち目的を定めて精進していくこと、そのために合理的、科学的な方法を探求していくこと、その方法を駆使して限界に挑むこと、結果を分析して次の挑戦に活かすこと、そしてそれらの行程を誰の指示でも何の強制によってでもなく、自らの自立した精神で遂行することを理解し、実践できる育成環境が必要です。

それが確立されれば、スポーツを通じて、人生は目先の小さな結果ばかりがすべてではないという視点がもてるようになるでしょう。また、あらゆることに関して、努力する「過程」も自分を成長させる大きな要因であるという視点ももてるでしょう。

そうした視点をもつ青少年が増えれば「40歳になった自分」に希望をもてない青少年は少なくなり、彼らが性格や体力などに関して、根拠のない漠然とした不安を感じる度合いも減ることでしょう。

第10章

# 大人たちの問題と子どものスポーツ

## スポーツをする子どもは親の従属物ではない

我が子がスポーツで活躍できないと、「もっとできるはず」と憤る親がいます。「何で我が子はあんなにダメなのか」と嘆く親がいます。そんな親は我が子を「もっと強気を押し出せ」「負けるな」と叱咤します。私の指導するサッカークラブにも「ウチの子、何であんなにダメなのでしょうか、我が子ながら見ていて情けなくてイライラしてしまいます」と愚痴をこぼす親がいます。

スポーツのプレーで我が子が他人の子より「劣っている」と感じた場合、あたかも自分自身が「親として劣っている」という烙印を押されたかのように感じることがあるようです。また、我が子が積極的に行動できないことが、「親の育て方の失敗」を示していると感じることもあるようです。そうした不安を払拭するために、我が子に対して「そんなはずではない」「本当はもっとできるはず」と、つい過剰な叱咤激励をしてしまうのかもしれません。

我が子の成長や発達を冷静に見極めていれば、我が子がいま、何ができて何ができないか、ということに関しておおよその予測はできるはずです。

しかし、スポーツのように競争という要素が入り、勝敗、順位、記録という形で結果が示されてしまうと、他者との「比較」という視点が持ち出され、我が子を見る目から冷静さが徐々に失われていきます。

他者との「比較」は、我が子の成長を思う気持ちのなかに「親の従属物として輝いてほしい我が子」という概念を滑り込ませてきます。「A君はこうなのに、ウチの子はどうしてこうなの」という不満をもちはじめたときから、視点の基準は「我が子の健やかな成長」から「親としての願望、意地、プライド」に移っていきます。そして、自分が勝手に設定した基準を満たさないプレーをする我が子を見ると、叱咤、指示という形で、これまた勝手に「本来あるべき姿」と決めつけているプレーを強引にさせようとするのです。

「もっとこうしろ」「ダメじゃないか」という親の叱咤は、大抵は感情的に脈絡なく発せられます。脈絡ない感情的な叱咤が繰り返されることで、子どもの行動は親の心理状態に振り回されるようになり、やがて親の顔色を見ながらプレーするようになってしまいます。

「パパ、これでいい?」と親の承認がないと先に進めない子を生み出していくのです。これでは子どもの個としての自立など、まったく期待できません。

「我が子のふがいなさが情けない」と嘆き、絶えず「もっとがんばれ、負けるな」と叱咤し続ける母親に私は言います。

「お母さん、あなた自身が息子さんと同じ年齢のころを思い出してください。当時のあなたのほうがいまの息子さんに比べて格段にしっかりしていて、運動もずっと上手だったと言い切れますか？　幼いときのあなたは、いま、息子さんに要求しているように、負けん気に満ちてどんな場面でも大活躍する子でしたか？　いま、あなたは息子さんに対して、かなり理不尽な要求をしているとは思いませんか？」

私の指摘に対して母親は我に返り、「そう言われれば、私がいまの息子と同じ年ごろのときは、もっとダメな子だったかも」などと振り返ります。運動能力は遺伝的要素が非常に大きく影響しますから、科学的に見て子どもの活躍は両親の子ども時代と大きく変わらないはずなのです。冷静に考えれば、「なぜできない。もっとがんばれ」と脈絡なく我が子を叱咤し続けることは、その子の成長発達や個性をまったく配慮しない自分勝手な要求であることに気づきます。

子どものスポーツの目的は、この本でずっと繰り返してきたように、主体性のある自立した人間になって、自己判断の能力を高めることです。その究極の目的を達成するためには、他者の強制ではなく、自らの意思で自分を高めていく意識を育てられるようにならねばなりません。その意識を譲成する道の第一歩となる少年少女時代には、「スポーツは楽しいものだ」と感じるなかから、自ら進んでスポーツに関わる意識を育む必要があります。そして、その楽しさの根本は「どのようにプレーするかを自分で考え、自分で決められるから」であるべきなのです。

親が自分の願望、意地、プライドを満たすために我が子に多くを要求し、行動を規定していけば、子どもが自ら選び、行動することの楽しさが薄れていき、親からの叱責や否定を恐れて義務感、忌避感などに動かされてスポーツをする姿勢が身について いきます。それはまったく反スポーツ的なことであると認識していただきたいと思います。子どもを何から何まで親の思いどおりに動かそうとすることは、教育ではなく「調教」です。

もし、親としてついつい熱くなって子どもに多くのことを要求している自分に気づいたのなら、どうして自分はそのように子どもにあれやこれやと要求しているのか、ということを立ち止まって冷静に考えてみてください。それが心から子どもの健やかな成長を願ってのことではなく、もしかしたら自分の見栄や虚栄心からきているかもしれない、という警戒を常にしてください。

同時に、「何でダメなんだ。どうしてできないんだ」と親から責められる我が子の身になってみてください。

失敗したり、他人の後塵を拝したり、思うようにできなかったりすることに対して一切、何とも思わず平気だという子どもなどいないのです。みんな、その子なりに挫折感、敗北感は感じているのです。そこでさらに親から責められれば、子どもの立つ瀬はなくなり自信は育ちません。

子どもは親の従属物でも装飾物でもありません。皆一人ひとり人格と個性がある一人の人間で、成長のスピードもまちまちです。そこに親の勝手な期待や願望を押しつけ、想定したイメージどおり活躍していないことを嘆き、責め、叱咤することは、スポーツという行為を借りた虐待ともいえます。そのことを常に忘れずにいてください。

## スポーツでは避けたい「いい子症候群」

少子化により、一人の子どもに親が接する時間が長くなっています。イクメンなどという言葉が使われているように、父親が子育てに深く関わるケースが増えています。トモダチ親子などと呼ばれる、まるで姉妹のように着飾ったり行動したりする母娘もいるようです。思春期になっても従来のように反抗期になるどころか、むしろ親と仲がいいことを強調する「親ラブ」なる言葉さえあるようです。

こうした親子の接触が濃密になる傾向があるなかで、子どもたちは親の期待を肌で感じ取り、できるだけ親が喜ぶように振る舞いたいとする意識をもつようになります。親の期待を裏切ってはいけない、親の望む子どもでありたいと意識することから、わがままや自己主張を抑え、親が喜び満足するような言動を選択しようとする傾向が強くなることがあります。

そういう我が子を見て、親は「手のかからないいい子」だと満足します。反抗せずに言うことを聞くので、何をするにも「ああすればいい」「こうすればい」と細かにアドバイスし、子どももそれに従います。一見、聞きわけの良い素直な子が育ちます。しかし、そのように育った子は、自立した判断ができず、何をするにも親の顔色を伺うようになります。親の判断がすべて、という子どもになってしまうのです。

このように行動のすべてが「親基準」になっている子は、コーチや監督がどのように評価しようが褒めようが、アドバイスはその子の心に響きません。その子にとっては親の意見がもっとも重要だからです。指導者がその子のプレーを褒めても、親が素人判断で「今日のプレーはいまひとつだったね」と言えば、気落ちしてしまいます。

指導者がとくに問題視していなくても、親が「おまえは別のポジションのほうが合っているのではないか」と言えば、子どもはそう思い込みます。

このように「親基準」に従ってプレーする子どもの問題は、思い切り動き回っていれば活躍できる低学年のうちはあまり表面化しません。しかし、成長とともにプレーの難易度が上リ、プレーのなかで状況に応じて判断する力、考えて動く力などが要求される段階になると、徐々に表面化してきます。自ら考え、判断し、決断する力が譲成されていないことが顕著になるのです。

周囲の子が自分なりに考える力、判断する力を駆使し、少しずつ一段階上のプレーに進みつつあるなかで、ずっと親の言いなりに動いていた子はそれができずに迷い、混乱します。その迷い、混乱は不調やふがいないプレーとして表面化します。すると子どもは「親の期待に応えられなくなっている自分」に悩みます。それを感じ取った親も、我が子のために「良かれ」と思い、それまで以上にあれこれと詳細に解決の方法を示します。

ここで親が示す解決方法は、私の経験上、大抵は「的外れ」です。それがその子の成長、発達、個性に合致した分析であることは、まずほとんどありません。親は生半可なスポーツ知識で子どもの技術、戦術、体力の領域に指示を出します。不調の根本原因が我が子の主体性の欠如にあることに気づいていない親は、技術が不足している、体力が不足しているなど、素人なりの分析をし、解決のためにはより技術練習に力を注げ、あるいはランニングや筋トレをして体を鍛えろ、などと子どもに言い渡します。

子どもはいつもどおり素直に親の言いつけを聞き、技術練習や体力の強化に励みます。もちろん、そのことの効果はゼロとは言いませんが、本質的な解決にはなっていないので、努力の効果はなかなか現れません。しかも、もともとプレーで「あるべきではない姿」を親に晒してしまったという負い目をもっている子が、親のアドバイスを受けて努力したのにさほどプレーが改善しないとなると、心理的な負担は倍増してしまいます。「親の期待を裏切り続けている自分」に耐えられなくなるのです。

あるとき、「子どもが伸び悩んでいるので、家でいろいろと相談に乗っているのだが、一向に改善しない。最近はサッカーへ行くこと自体もいやになっているようで、先日は試合に行く前に食べたものを戻してしまった」という親の相談を受けたことがあります。我が子を心配する気持ちは伝わってきたのですが、話を聞くうちに、私はこの親が知らず知らずのうちにプレッシャーをかけていると見抜きました。

私は「技術など専門的な分析はやめて、『誰でも調子が上がらないときくらいあるものだ、焦ることはない』と、悩んでいる息子さんの心をほぐしてあげてください」とお願いました。そして、「悩みには唯一無二の解決策が必ずあり、親子ともどもそれを絶対に見つけ出さねばならない、などと気負わないでください」と伝えました。そのうえで、少しだけ子どもとの間に距離を置き、子ども自身の考えや判断が出てくるよう、大所高所から見守ることをお願いしました。

指導者側も、この子には「正しいか間違っているかは気にせず、自分がこれと思ったことを実行に移してごらん」とアドバイスし、自己判断や自己決定の機会をより多く与えるようにしました。そして、「どうしてそのように判断したのか」を他者に伝えること、また「結果にかかわらず、その彼の判断の過程を尊重すること」を徹底しました。すると、その子は表情も明るくなり、見違えるようにのびのびとプレーしだしたのです。

自分を頼ってくる我が子は可愛いものです。ずっと自分の影響下に置いておきたいと思うのが親心です。しかし、子の自立のためには、ある段階からきちんと距離を置くことも必要です。

子どもはやがて自我に目覚め、独自の価値観を育て、自分の納得できない形で考えや行動を拘束しようとするものに反発するようになるものです。「最近、素直に言うことを聞かなくなった」と親は嘆きますが、それは子どもが自立に向かって順調に成長している証でもあります。思春期になってもなお「親ラブ」でいるのなら、むしろ心配なのです。

スポーツで子どもがパパ監督、ママコーチの意向にいつまでも従っているようでは、正しい成長は望めません。プレーに関して「親の言うことをよく聞くいい子」であるうちは、本当の意味でスポーツマンにはなれないのです。

## やればやるほど効果が大きいわけではない

「週1回の練習参加で大丈夫でしょうか?」

私の主宰するサッカークラブで小学1年生の入団を受け付けるとき、ときどき、こうした質問を受けます。クラブでは土日の活動以外に、ウイークデイの放課後に週2回、練習日を設定しています。これは主にサッカーがしたくてウズウズしている高学年向けのもので、クラブとして参加の強制はせず、あくまで希望者が対象です。

希望者対象ですから、1年生、2年生の参加者もいます。新1年生の何人かが週末の活動のみならずウイークデイの放課後練習にも参加することがわかると、「我が子も同じように活動しなければ差をつけられてしまうのではないか」と心配するのが親心のようで、「週末の参加だけで上達が遅れることはないでしょうか?」と心配になるわけです。

また、3年生、4年生になると、子ども本人にも「上達したい」という意欲が見られるようになり、サッカーに取り組む姿勢もかなり前向きになってきます。親も日に日に成長する我が子が確認できるようになり、より活躍させたいという気持ちが高まってきます。

すると、クラブで設定している週2回の放課後練習では飽き足らず、別のサッカースクールにも通うといった例も出てきます。驚くことに、16~18時の我がクラブの練習を終えた後、18~20時設定の別組織の練習にはしごで参加する、というケースまで出てきたことがありました。

いずれのケースにも共通するのは、「人一倍、活動回数を増すほど効果が出る」という練習量信仰、そして「他者から一歩抜きん出るためには、他者がやっていることと同じ努力ではだめ。プラスアルファの意識が必要」という精進信仰です。

たしかに、体力は鍛えるほどに強化され、技術も反復するほどに上達することはあります。しかし、そのように活動量を増やしたことによる正しい効果を望むには、まず子ども自身の身体の中に、そのような刺激が効果を出す成長発達のタイミングが来ているのかどうか、ということを見極めねばなりません。

同時に、増やしたトレーニング回数の刺激に見合う適切な休養や栄養補給なども必要になります。そして何よりも、本人が自ら望んで意識を集中して取り組む姿勢が形成されているのかどうか、が重要です。スポーツトレーニングは、物理的に多くの時間を割けば、増えた分だけ自動的に効果が上積みされるというほど単純なものではありません。

そもそも、小学生であれば一日5時間も6時間も学校で学習し、帰宅後も塾や習い事に通う日があり、そのうえでスポーツチームにも所属しているわけですから、私に言わせればもうその時点で、何かを身につけるための「余白」は一杯いっぱいになっているはずです。

さらに、他者に一歩先んじるためにと、プラスアルファの努力を強いたとしても、それを存分に吸収できるフレッシュな「空き」が脳、神経、筋肉にはさほど残されていないはずです。次から次へと容量を超えて与えられる刺激は必ず満杯になったカラダの倉庫の入口ではじかれ、捨てられていきます。

事実、あれもこれもと多くの習い事に通い、スポーツも色々と重複して活動しているような子は、必ずどこかで集中力を欠いた行動をとります。すなわち、ぼんやり立ち止まったり、話を上の空で聞いたり、といった様子が出てくるのです。「空いている時間があればすべて有効に使うのだ」と大人の理屈を持ち出して詰め込んでいっても、子どもの心と体で消化・吸収できるものは限られているのです。

また、親の「量」信仰によって多くの習い事をねじ込まれ、あらゆる知識、技能を詰め込まれている子どもは、一見、よくできた優秀な子どもに見えますが、私に言わせれば深刻な問題を抱えていることが少なくありません。ピアノが弾けて、そろばんもできて、水泳もできる。塾で受験対策をしているから、歴史や地理、ときには時事問題にもくわしい。英語も習っている。しかし、こういう毎日を送っている子どもは、概して自律的、創造的でないことが多いのです。

彼らは理解力が高く、指示もよく聞く、とても「教えやすい」子なのですが、何かを「習う」ということが日常になっているために、ものごとはすべて誰かに「教わる」ものであるという意識が根付いています。「次はどうすればいいですか?」と素直に指導者の指示を待ち、指示を聞く集中力も高いのですが、自分で工夫して独創的に動くということが滅多にありません。大人に指示されたことを正確に再現することこそがすべて、という意識が確立されています。

「教わること」に対しては忠実に履行しようと努力しますが、「教わっていないこと」に対しては、できなくて当たり前という姿勢を見せます。「習ってないからムリ」と、さっさと自分で見切りをつけます。

つまり、自分で見つけ出す喜び、自分で創り上げていく喜び、自力で克服していく喜びなどに対する意欲が乏しくなっているのです。「量」信仰のもと、隙があれば次々に何かを詰め込まれている子どもは、それを消化することで精一杯になり、自由に想像したり、独創的な工夫をしたり、人と異なる方法を編み出したりするエネルギーを枯渇させてしまっているようです。探究心や好奇心といった子どもならではのパワーも極めて弱く、単なる知識の塊と化しています。

スポーツのプレーは、習ったことを忠実に再現すればよいものではなく、常に場面に応じた独自の応用力が求められます。社会に出れば、覚えたことを機械的に羅列すれば済む仕事などなく、状況に応じた適切な対処力、独創的なアイデアが求められます。そうした社会的能力を育むためには、子ども時代から「習ったことを再現する」ばかりでなく、自分で考え、悩み、創っていく、という経験を豊富にしていかねばなりません。

そのためには、子どもたちの心と体に十分な「空き容量」を確保し、その「空き」を自分の裁量で自由に使うだけの時間的猶予が必要です。親の「量」信仰がその猶予を埋め尽くすようなことは避けるべきです。

## 大人が勝利という麻薬に冒されてはいけない

スポーツは勝敗を争うもので、誰でも勝利したいと望みます。勝利は歓喜とともに達成感、満足感、自信をもたらします。一方で、勝利はどんなに非科学的なトレーニングも、理不尽で非人道的な指導も、すべて納得できる「必然」に変えてしまうことがあります。通常の感覚を麻痺させ歓喜のなかに押し込めてしまう麻薬のような力が勝利にはあります。勝利を追求していく過程には、ときとして麻薬の中毒に似て、それを求めるためには何でもしてしまう、という恐ろしい一面が潜んでいることを忘れてはいけません。

私が小学4年生の担当をしているときに、こんなことがありました。相手は勝利至上主義でよく知られるチーム。しかし、我がチームは大健闘し2—1で勝利しました。

終了のホイッスルが鳴った瞬間、相手チームの数人が口論を始めたのです。「おまえがヘボだからこんなチームに負けちゃうんだろう」「うるせぇ、おまえだってミスしただろう」。口論はずっと続き、グラウンド中央で挨拶をした後、互いに相手チームのベンチに挨拶に向かう途中でも激しく言い合っています。彼らが我がチームのベンチ前に来ました。ベンチに残るメンバーと監督の私に一人ひとり握手をしていくことになっています。私が「ありがとう」と言って手を差し出すと、彼らはプイと横を向き、私の手を握らずにパチンと叩いて行き去りました。

負ければチームメイトであっても人格を否定するような言い合いをする。敗戦の不機嫌を相手チームの子どものみならず、大人の監督にまで平然とぶつける。勝つことでしか満たされない心理。たかだか10歳前後の子どもにここまでえげつない行動をとらせる環境があるのだと辟易しました。

また、別の大会ではこんなことがありました。我がチームの子どもたちが自主練習している様子を見守っていると、あるチームがそこにどやどやと立ち入ってきて勝手にチーム練習を始めてしまったのです。そのチームの指導者に「すみません、この場所はこの子たちが使っているのですが」と注意すると、「あ、あそこにも場所はありますよ」と別の場所を指さし、「おまえたちが移動しろ」とばかりに平然とチーム練習を続けました。使いたい場所を使うためには横取りもＯＫ。強気で押し通した者が勝ち、という論理でしょうか。

そのチームは常に大会上位に進出する強豪として知られています。聞けば、そのチームではタイトルを取れば指導者に報奨金が出るのだとか。少年スポーツの指導者にそのような制度を設けている組織の理念自体がいかがなものかと思いますが、組織が勝利に特化しすぎたために、指導者のモラルも麻痺していることがよくわかりました。

やはり上位の常連であるチームの指導者が、まるで「帝王」のように振る舞っている姿を見たこともあります。彼は子どもの引率はせず、試合前のアップに間に合うように悠然と会場に到着しました。通常、指導者自らが行うメンバー表の提出など手続き的なことは、お手伝いの母親たちがかいがいしく動いて済ませます。母親たちは彼の座る椅子と飲み物を用意し、まるで腫れ物にでも触るかのようなピリピリした空気のなかで「ご登場」を待ち受けていました。

「帝王」は低姿勢で指示を仰ぐ母親たちに二言三言、何かを言いつけると、用意された椅子に悠然と座り、子どもたちにただ指示を出すことに専念しました。そして、試合を圧勝で終わると、ベンチ裏のスペースで子どもたちに長々と演説を始めました。

そこは次の試合のためのアップスペースなのですが、別のチームの準備などお構いなし。そのスペースの中心で「勝っても気を抜くな」とか「自分を甘えさせるな」、あるいは「勝負はこれからだ」といった精神論を長々としゃべっています。周囲の迷惑も顧みず、しゃべりたいだけしゃべると、尊大な態度のまま会場を後にしました。「お見送り」の母親たちが何度も頭を下げながらあわててアテンドしていました。

彼の「オレは常勝チーム、優勝候補の監督だ」ということを誇示するかのようなあからさまに尊大な態度は、まるで「裸の王様」のようで、ある意味、滑稽にも見えました。それにしても、たかだか少年スポーツの勝敗が、社会常識があるはずの大人の態度をここまで醜くしてしまうものかと、驚きました。

スポーツの勝利という麻薬は、このように人のモラルを歪ませるだけではなく、練習の内容も過激なものにヒートアップさせてしまいます。

強豪として知られる少年サッカーチームの試合中、出場していない子どもたちが、かなりハードな体力トレーニングをこなしている場面に遭遇しました。試合に出場しているチームメイトと同等の体力的負荷をかけておくという趣旨なのでしょうか。子どもをアスリートとして見ていくなら、こうした対処も必要なのかもしれませんが、9~10歳の子どもたちが、試合中の仲間の奮闘の様子には目もくれず、汗だく、泥まみれになって筋力や走力を鍛えている様子には大きな違和感を覚えました。

また、ある日、有料の人工芝グラウンドを19〜21時の枠で確保し、成人チームの練習をしていると、隣のスペースで小学生が練習していました。子どもたちがウイークデイの夜の時間帯に練習するのか、明日も朝から学校があるだろうにと驚いていると、技術と戦術の練習をした後に、今度は相当、長い時間をかけて筋力と走力を鍛える体力トレーニングをこなしていました。2時間ほどハードな練習をこなした子どもたちに、さらにここまで過酷なトレーニングをさせるのかと驚きました。

いったいどこのチームかと思いユニフォームのエンブレムを見ると、常に優勝候補になっている強豪チームでした。なるほど、成長期の子どもにとっては間違いなく「過剰」と思われる活動を日常化させ、そこから脱落しないで生き残れる生来の強い肉体をもつ子だけを残したチームづくりの結果が、あの好成績なのだと納得しました。

ここで紹介した、負けるとマナーに反する行為を平然とする子ども、自分の練習場所を確保するためなら平気で別のチームの子どもを追い出す指導者、まるで帝王のように尊大に振る舞う監督、試合中に行われるベンチメンバーの過酷なフィジカルトレーニング、平日のナイター練習で異常に強い負荷が課される練習は、いずれも私が実際に見た強豪として知られる少年チームの実際です。

勝利、結果という麻薬が、彼らのなかで人としての何かを歪ませていることがわかります。

勝てばすべてのことが「成功例」「成功体験」として肯定される怖さがスポーツ界にはあります。私が見たことが、あの子どもたちのなかで、また、あの子どもたちの親のなかで「勝つためなら、これくらい当然のこと」として定着してしまわないものか、とても心配です。

ところで、「うちは勝利至上主義です」と表明している少年チームは、種目にかかわらずほとんどありません。「勝つことがすべてだ」と公言する指導者や親も少ないでしょう。しかし、負けた相手に対する憎しみや敵愾心をあらわにしたり、負けた試合の判定や大会運営などに不満を示したり、望む結果が出なかった試合に関して監督やコーチの采配、戦術、起用法に疑問を投げかけたり、敗戦につながるミスをした子を非難する気持ちを現したりすれば、それはもう勝利至上主義の入口に立っているようなものです。

親や指導者がこうした感情を日常的に示していれば、それは自ずと子どもたちに伝わり、子どもたちも同じような視点でスポーツを見るようになり、やがて勝利至上主義にはまっていくのです。

指導、育成とは、面と向かって諭す行為だけをいうのではなく、親や指導者、つまり子どもが普段接する大人たちの立ち居振る舞い、表情、言動などのすべて、すなわち大げさに言うなら「生き様」のすべてが指導、育成の要素になるということをもう一度、確認しましょう。

周囲の大人が何を「良し」とし、何を「悪し」としているか、その日常が子どもたちに伝わっていくということを片時も忘れずにいてください。大人が勝利の麻薬に冒されれば、間違いなく子どもの心も同じように冒されていくのです。

私たち大人は、子どもたちにとって「人生のコーチ」という役目を担っていることを忘れずにいたいものです。

装丁　坂井栄一（坂井図案室）
校正　月岡廣吉郎
　　　安部千鶴子（美笑企画）
組版　キャップス
編集　苅部達矢

永井洋一（ながい よういち）
1955年7月17日、神奈川県生まれ。成城大学文芸学部マスコミュニケーション学科卒業。スポーツジャーナリストとして、サッカーを中心に、取材・執筆活動をするかたわら、海外リーグのテレビ解説者としても活躍。サッカーコーチとしての指導歴も40年以上で、1985～1988年に日産FC（現横浜F・マリノス）でプロコーチとして活動し、現在もNPO港北FC（神奈川県横浜市）の理事長として組織運営と指導に携わり、幼児から社会人まであらゆる年代の指導経験をもつ。著書に『スポーツは「良い子」を育てるか』（NHK出版）、『少年スポーツ ダメな指導者 バカな親』『日本のサッカーはなぜシュートが決まらないのか!? ベスト8飛躍の課題と現実』（ともに合同出版）、『賢いスポーツ少年を育てる みずから考え行動できる子にするスポーツ教育』『カウンターアタック 返し技・反撃の戦略思考』（ともに大修館書店）、『少年スポーツ ダメな大人が子供をつぶす！』（朝日新聞出版）、『脱パスサッカー論 発想の転換が日本を救う！』（ベースボールマガジン社）など多数。

子どもがスポーツをするときに
これだけは知っておきたい10の本質

第1刷　2020年3月31日

著　者　永井洋一
発行者　平野健一
発行所　株式会社徳間書店
〒141-8202　東京都品川区上大崎3-1-1
目黒セントラルスクエア
電　話　編集(03)5403-4344／販売(049)293-5521
振　替　00140-0-44392

印刷・製本　大日本印刷株式会社


ISBN978-4-19-865061-2